新版

楽しい群読脚本集

家本芳郎 編・脚色

高文研

まえがき

群読は交わりの能力、自主の力、自己表現の力を失いつつある子どもたちにとって、その能力を育てることに極めて重要な活動である。子どもたちの心と身体を拓《ひら》き、子どもたちを結ぶからである。これからの文化活動の主力となる題材といえよう。

そのことから、一九九四年、高文研より『群読をつくる』を刊行したことを機会に、群読教育活動のキャンペーンをすすめることを思い立ち、高文研発行の月刊誌『ジュ・パンス』誌上で案内し、全国各地において、教師対象の群読の実技講座、ワークショップを開いてきた。

教師自身が、声を出し、声を合わせて表現する喜びを味わってほしいと考えたからである。教師自身が楽しさを実感できるものでなくては、子どもたちに楽しく伝えることはできないからである。

実技講座では、多くの先生方の参加を得ることができた。話を聞くだけの講演に比較して、教師自らが子どもになって、身体いっぱいに表現する文化活動は魅力的だったからだろう。

ここに収録した群読脚本は、そのおりに使用したテキストである。講座に参加された先生方によって試され、修正された脚本である。先に上梓《じょうし》した『群読をつくる』に対応する実践編で、新たに「移動」「異文重層」「唱歌《しょうが》」といった分読の技法も付け加えてある。

群読は多様な表現を可能とするので、この脚本をたたき台に、教師自身が書き下ろしたり、脚色して群読教材をつくり、子どもたちといっしょに楽しんでほしいと願う。

家本　芳郎

❖――もくじ

2

古典作品より

Ⅳ　本文で引いた詩の原作

装丁＝商業デザインセンター・松田　礼一
章扉イラスト＝鳴瀬　容子

群読のつくり方——脚本の選定から発表まで

群読のつくり方は音楽や演劇と同じである。しかし、群読は新しい文化なので、多くは指導する教師の工夫にまかせられている。ここにあげたノウハウを参考に、独自の練習方法を工夫してほしい。

なお、やがては、子どもたち自らが脚本をつくり表現できるように育てていきたい。

1　脚本を選ぶ。

ここにある脚本はひとつの見本、たたき台だと考え、つけ足したり、削ったり、分読の分担を修正したりして、いちばんやりやすいかたちに作り替えてよい。

2　〈読み手〉をきめる。

脚本には〈読み手〉の人数が書いてあるが、学級の人数やグループの数、参加メンバーの数に合わせて、増やしたり、減らしたりしてよい。臨機応変に対処してよい。

3 〈読み手〉が練習する。

① まず全員で声をあわせて教材を読む。
② 一文《いちぶん》読みする。ひとりが一文だけ読み、次々に読みまわしていく。このとき、読みのまちがいやアクセントなど批評しあってなおす。
③ 読みかたをきめる。ここは強く読もう、ここはゆったりと読もうなど文の内容にあわせて、話し合ってきめる。
④ 再び、③できめた読みかたにしたがって全員で読む。一人ひとりが、完全に③できめたように読めるまでくりかえして読む（暗唱するくらいまで読みこむとよい）。
⑤ 再び一文読みする。③で確認したように読んでいるかどうか、お互いに注意しあう。
⑥ 分読の分担をする。ソロはだれ、アンサンブルはだれときめる。
⑦ 各自、自分が読むところを確認する。
⑧ 全員で読む。しかし、自分の分担以外のところは、声を小さくして読む。
⑨ 分読して読む。自分の分担だけ読むことになる。
⑩ 動作をつけたほうがいいか。つけるとすれば、どこでどんな動作をするか。また、発表隊型などについても話し合ってきめる。なお、伴奏・効果・照明・扮装・衣装・道具は最小限に。
⑪ 発表隊型に並んで練習する。だれかにきいてもらって、批評してもらうといいだろう。

4　発表会を開き、お互いに聞きあい、批評しあう。

5　タイトル読み。

脚本には書かれていないが、発表するときには、冒頭に「題名」と「作者名」を述べる。だれがどう読むかは、〈読み手〉が相談してきめる。いろいろと工夫し、タイトルを読むところから、作品の世界に導いていく。

大阪の和泉市での群読講座で、「すっとびとびすけ」を次のように表現したグループがあった。

ソロ　「谷川俊太郎作」
全員　「すっとび」と右手を上に突き出しながら、「とびすけ」と飛び跳ねる！

❖凡例——この脚本集で使っている記号・用語解説

《1》 ソロ・アンサンブル・コーラス

ソロは一人で読む。

アンサンブルはグループで読む。

コーラスは大勢で読む。

ただし、ソロは「一人で読む」であって「一人が読む」ではない。順番に一人ずつ読んでもいい。

ソロ・アンサンブル・コーラスの声の量の比。
ソロ　　　　大きな声　一人分。
アンサンブル　全体の6分の1
コーラス　　　全体の6分の5
　ただし、コーラスがⅠとⅡにわかれる場合、
コーラス　Ⅰ　全体の6分の2
コーラス　Ⅱ　全体の6分の3

《2》 ＋ 〈漸増〉 前につけたしていく。

1　　ゴクローさん
＋2　ゴクローさん
＋3　ゴクローさん　ゴクローさん

右のように＋の符号がついた場合、つぎのように読むことになる。

1　　ゴクローさん
12　 ゴクローさん
123　ゴクローさん　ゴクローさん

読み手がつけ加わり増えていくので〈漸増〉という。

《3》 ―― 〈**漸減**〉 前の読み手より減らす。

B～E 知らず。

―B 生まれ死ぬる人、

―C いづかたより来たりて、

―D いづかたへか去る。

右のような場合、次のように読む。

BCDE 知らず。

CDE 生まれ死ぬる人（Bが抜けてる）

DE いづかたより来たりて（Cが抜けてる）

E いづかたへか去る（Dが抜けてる）

このように、だんだんと読み手を減らしていくので漸減という。

《4》 ┌─┐ 〈**追いかけ**〉 追いかけて読む。

A ふるふるふるゆきがふる

B 　ふるふるふるゆきがふる

C 　　ふるふるふるゆきがふる

右のような場合、Aが「ふるふる」と読むと、Bが「ふるふる」と追いかけ、Bが「ふるふる」と読むとCが「ふるふる」と読んでいく。ABCの声が次々に重なっていく。

《5》 § 〈**乱れ読み**〉 声を合わせずにわざとバラバラに読む。

§全員 ぞろぞろぞろぞろ出てくる、出てくる、出てくるわ、出てくるわ、出てくるわ

右の場合、読み手の全員がわざと声を揃えずに読

む。読みがバラバラになって乱れるので乱れ読みという。

《6》 ↓ **〈移動〉** 読み手が移動する。

A↓B さいごのたべものをもらっていこう

ここは最初はAが読むが途中からBに移動し最後はBが読み終わる。

しかし、次のように読むのではない。

A さいごのたべものを
B もらっていこう

しぜんに、オーバーラップして移動する。

A さいごのたべものをもらって・・・
B ・・・のたべものをもらっていこう

こう読むのだが、Bは「ごのたべ」と途中から小さな声で入って「たべものを」はABいっしょに読むが、Aは「もらって」とだんだん小さく読んで消え、「いこう」はBの声だけになる。

《7》 **〈異文平行読み〉** 違う文をいっしょに読みすすめる。

A 朝に死に夕べに生まるるならい……
B ゆく河の流れは絶えずして……
C 朝に死に、夕べに生まるるならい……
D 生まれ死ぬる人、いづかたより来たりて……
E 主とすみかと、無常を争うさま……

ABCDEAの5人がいっせいに同時に自分の文を読む。そう読むと、声が混じってなにを読んでいるのか分からないが、それでよい。雰囲気をつくる読み方。

《8》 ＝〈バック読み〉 背景音として読む。

		（コーラス）
和尚	そら、お食べ	そら、お食べ
効果	そら、お食べ	そら、お食べ
N1	煮たったはしから	そら、そら、お食べ
和尚	そら、お食べ	そら、お食べ
効果	そら、お食べ	そら、お食べ

右の場合、下段はバックで背景音として読む。和尚の「そら、お食べ」とコーラスの「そら、お食べ」が平行して読まれる。以下、上段と下段は対応しながら平行して読まれていくが、主役は上段なので、下段はでしゃばらずにリズムを刻むように読みすすめる。

《9》 ⌒〈異文重層〉 異なる言葉を次々とかぶせて重ねていく読み方。「／」はそこで終了の意味。

⌒1 ヒャラリーリ
⌒2 テレツクテン
⌒3 チャンチキチン／

1	2	3
ヒャラリーリ		
ヒャラリーリ	テレツクテン	
ヒャラリーリ	テレツクテン	チャンチキチ

表にすると、右のようになる。

なお、こうした記号や用語についての詳細は、拙著『群読をつくる』を参照していただきたい。

Ⅰ　楽しい群読脚本

1 詩を素材にした脚本

らいおん

渡辺美知子

〈読み手〉

ソロ　1、2、3

アンサンブル　①、②、③

＊「ソロ」「アンサンブル」については凡例参照。

〈演出ノート〉

1、この詩は「らいおん」が何回も出てくるが、いろいろに表現を変えて読む。その変化を楽しむ教材である。

2、「らいおん」は、傍線の例にしたがい、次の四つの読み方で読む。

――――　ふつうの声の大きさで明瞭に読む。

════　大きな声で「らいおーん」と「おーん」を大きく響かせてどうどうと読む。

〰〰〰　少し弱々しい声で読む。――――の声よりやや弱く読む。

━━━━　最大の声でどうどうと吠えるように読む。

3、なお、この詩は一人で読む朗読教材にも適している。また、大きな声を出す練習にも適した教材でもある。朗読教材とする場合、最初は班・グループで声を合わせて読み、ついで、一人読みにすすむといいだろう。

1　らいおんは
①②　らいおーんとよぼう
③　らいおんでは
2　王さまらしくない
23　強そうでない
1　あんなにりっぱな
12　たてがみをもっているのに
123　それではあまりにもかわいそう
123　らいおんは
①②　らいおーんとよぼう
①②③　らいおーん
全員　らいお――ん

おがわのマーチ——ぐるーぷ・めだか

〈読み手〉
アンサンブル　①、②のふたつのグループ。

〈原作〉
Ⅳ章　二一三頁参照

〈演出ノート〉
1、かわいい詩である。小川のメダカたちの泳ぐさまを「たんけんたい」ととらえた着想がおもしろい。教科書にも採択されている。(教育出版「国語」四年上) 2、上下二段になっているが、下段の②は背景音。②はあまり大きな声を出して上段①の声を消さないように、ややひかえめな声でリズムを刻んでいく。 3、リズムを整えるために、たとえば「ぼくら　おがわの　たんけんたい」は、「ぼくらーおがわのたんけんたい」というように、ある音を伸ばして読むことは許されよう。 4、また、動作をつけて読むようにしたい。「みぎむいて」では右を向く。また、「ぼくら　おがわの　たんけんたい」は、「ぼくら」で一同左を向き、「おがわの」で左手を前の人の左肩に乗せ、「たんけんたい」で右の手で泳ぐ動作。つぎの「ぼくら　おがわの　たんけんたい」では、右を向いてしゃがむ。最後の「たんけんたい」では左を向いて下降するようにして右手で泳ぐ動作をするなど工夫して表現すると、いっそう楽しい群読ができる。

①	②
ツン　タタ　ツン　タ	ツン　タタ　ツン　タ
みぎむいて　ピン	
	ピン　ピン　ピン
ツン　タタ　ツン　タ	ツン　タタ　ツン　タ
ひだりむいて　ピン	
	ピン　ピン　ピン
ぼくら　おがわの　たんけんたい	
せびれ　そろえて　ツン　タッタ	ツン　タタ　ツン　タ　ツン　タッタ
	ツン　タタ　ツン　タ　ツン　タッタ
かえる　よこめに	ツン　タタタ
ツン　タタタ	ツン　タッタ
こぶな　おいかけ	ツン　タタタ
ツン　タタタ	ツン　タッタ
ツン　タタタ	ツン　タッタ
ぼくら　おがわの　たんけんたい	
めだま　ひからせ　ツン　タッタ	ツン　タタ　ツン　タ　ツン　タッタ

ツン　タタ　ツン　タ
みずくさ　チョン

ツン　タタ　ツン　タ
こいしを　チョン

ぼくら　おがわの　たんけんたい
あさから　ばんまで　ツン　タッタ
ツン　タタ　ツン　タ　ツン　タッタ

ツン　タタ　ツン　タ

チョン　チョン　チョン
ツン　タタ　ツン　タ

チョン　チョン　チョン

ツン　タタ　ツン　タ　ツン　タッタ
ツン　タタ　ツン　タ　ツン　タッタ

やまのこもりうた

――こぐまきょうこ

〈読み手〉	〈演出ノート〉	〈記号〉
ソロ　1、2、3、4、5、6	1、小学校低学年の教材であるから、あまり技巧的な読みは避け、朗読・斉読に近い読みの脚本にした。 2、低学年では元気な声、大きな声を出して読める教材が選ばれるが、ときに、反対の、こうした静かで抒情的な教材を選ぶことも重要である。文化能力とは、例えば、強弱の表現能力を育てる場合、強の表現能力を高めると、弱の表現能力も伸び、弱の表現能力を高めると、強の表現能力も伸びるということがある。ある文化能力を高めるには対の能力を高めるというセオリーである。 3、ゆったりと静かに読む。メルヘンチックな情景が描かれれば、成功である。 4、何回も出てくる「ぽとん」、「はらり」の擬声語・擬態語をどう表現するか、工夫する。ひとつの読み方にきめて読む方法と読み方を変えて読む方法とがある。どちらを選んでもいいだろう。	〈追いかけ〉
		〈原作〉
		Ⅳ章　二一三頁参照

1　こぐまが　ねむくなるときは
1 2　きのみが　ぽとんと　おちるとき
3　ひとつぶ　ぽとん
3 4　もひとつ　ぽとん
3 4 5　つづけて　ぽとん
3 4 5 6　まだまだ　ぽとん
4 5 6　ぽとぽと　ぽとん
5 6　おまけに　ぽとん
1 2　ねむくてねむくて
1　おやすみなさい

1　こぐまが　ねむくなるときは
1 2　きのはが　はらりと　おちるとき
3　いちまい　はらり
4　もひとつ　はらり
5 6　つづけて　はらり

3456　まだまだ　はらり
456　はらはら　はらり
56　おまけに　はらり
3　まだまだ　はらり　はらり　はらり　はらり　はらり　はらり
4　はらり　はらり　はらり　はらり　はらり　はらり
5　はらり　はらり　はらり　はらり　はらり
6　はらり　はらり　はらり　はらり
456　はらはら　はらり
56　おまけに　はらり
12　ねむくてねむくて
1　おやすみなさい

かえるの　ぴょん——谷川俊太郎

〈読み手〉
メンバーを①、②、③、④の四つにわける。

〈原作〉
Ⅳ章　二一四頁参照

〈演出ノート〉

1、指導のポイントは、「ぴょん」「ぴょん」の表現。両者を読み分ける。

かえるの　ぴょん／とぶのが　だいすき／はじめに　かあさん　とびこえて

それから　とうさん　とびこえる／ぴょん

「ぴょん」は名前、「ぴょん」は「ぴょんと飛んだ」という擬態語の副詞。

2、各連の末尾の「ぴょん」「ぴょんぴょん」「ぴょんぴょんぴょん」「ぴょんぴょんぴょんぴょんぴょんぴょん」は、飛び越すものにふさわしく、「ぴょーん」「ぴょーうーん」というように、いろいろ工夫して読むと、いっそう楽しい群読になる。

また、パフォーマンスをともなって表現する。たとえば「ぴょん」と軽く飛びながら表現する。また、二連の「ぴょんぴょん」は顔を左右にすばやく動かし、新幹線が目の前を走り過ぎたように表現するなど。

3、「だいすき」は「だーいすき」というように強調した表現方法もある。

4、この詩は、小学校二年生の教科書に採択されている。（教育出版「国語」二年上）

全員　かえるの　ぴょん
　　　とぶのが　だいすき
①　はじめに　かあさん　とびこえて
②　それから　とうさん　とびこえる
　　　ぴょん
全員　かえるの　ぴょん
　　　とぶのが　だいすき
②　つぎには　じどうしゃ　とびこえて
　　　しんかんせんも　とびこえる
③　ぴょん
③④　ぴょん
全員　かえるの　ぴょん
　　　とぶのが　だいすき
③　とんでる　ひこうき　とびこえて
　　　ついでに　おひさま　とびこえる

④　ぴょん
①④　ぴょん
①②④　ぴょん
全員　かえるの　ぴょん
とぶのが　だいすき
④　とうとう　きょうを　とびこえて
あしたの　ほうへ　きえちゃった
①　ぴょん
①②　ぴょん
①②③　ぴょん
全員　ぴょん

ことばのけいこ

与田準一

〈記号〉	〈演出ノート〉	〈読み手〉
＋ 〈漸増〉 **〈原作〉** Ⅳ章　二一四頁参照	1、分読の分担をかえれば何人でも読むことができる。 2、小学校低学年向けの作品で、拗音練習の教材として用いることができる。 3、発音のむずかしいところは、なるべく大勢で読むようになっている。 4、詩人の多くは「ことばのけいこ」向けの作品を書いている。それらの作品を用いて、発声の練習をしたり、ことばを増やしたり、語感を育てたりしながら、日本語の美しさ楽しさを味わいたい。 　そのとき、ひとりで「けいこ」するよりも、友だちといっしょに大きな声を出しながら「けいこ」したほうが、楽しくとりくめるので、ことばの練習には、ぜひ群読としてとりあげたい。	ソロ　1、2、3、4、5、6

1　けっくう　けっくう
全員　きゃ　きゅ　きょ、
2　かえるが　かえると　ことばのけいこ、
1 2　けっくう　けっくう
全員　きゃ　きゅ　きょ。

2　せっすう　せっすう
全員　しゃ　しゅ　しょ、
3　れっしゃは　れっしゃと　ことばのけいこ、
2 3　せっすう　せっすう
全員　しゃ　しゅ　しょ。

3　にぇおう　にぇおう
全員　にゃ　にゅ　にょ、
4　子ねこは　子ねこと　ことばの　けいこ、
3 4　にぇおう　にぇおう
全員　にゃ　にゅ　にょ。

4　ぺっぷう　ぺっぷう
全員　ぴゃ　ぴゅ　ぴょ、
5　ポプラの　はっぱが　ことばの　けいこ、
4 5　ぺっぷう　ぺっぷう
全員　ぴゃ　ぴゅ　ぴょ。

5　びゅうびん　びゅうびん
全員　びゃ　びゅ　びょ、
6　バイオリンと　バイオリンは　バイオリンの　ことば、
5 6　びゅうびん　びゅうびん
全員　びゃ　びゅ　びょ。

6　めえもう　まあもう
全員　みゃ　みゅ　みょ、
1　まさおと　みよこが　ことばのけいこ、
1 6　めえもう　まあもう

全員　みゃ　みゅ　みょ。

1　けっくう　けっくう　きゃ　きゅ　きょ、

2　せっすう　せっすう　しゃ　しゅ　しょ、

3　にぇおう　にぇおう　にゃ　にゅ　にょ。

4　ぺっぷう　ぺっぷう　ぴゃ　ぴゅ　ぴょ、

5　びゅうびん　びゅうびん　びゃ　びゅ　びょ、

6　めえもう　まあもう　みゃ　みゅ　みょ。

6　けっくう　けっくう　きゃ　きゅ　きょ、

＋5　せっすう　せっすう　しゃ　しゅ　しょ、

＋4　にぇおう　にぇおう　にゃ　にゅ　にょ。

＋3　ぺっぷう　ぺっぷう　ぴゃ　ぴゅ　ぴょ、

＋2　びゅうびん　びゅうびん　びゃ　びゅ　びょ、

＋1　めえもう　まあもう　みゃ　みゅ　みょ。

うんとこしょ——谷川俊太郎

〈読み手〉	〈演出ノート〉	〈原作〉
メンバーを①、②、③、④の四つにわける。	1、身体を使って演技しながら大きな声で読む。 2、「うんとこしょ　どっこいしょ」は、重いものを頭上に持ち上げる動作をしながら表現する。 3、一連の「ぞうがありんこもちあげる」は、右手をぞうの鼻のように使ってありんこをすくい取って、高く持ち上げる動作をしながら表現する。その後、すぐに、全員によってくりかえされる。 以下、二～四連の「もちあげる」は、その内容にあったもちあげ方を工夫する。ただし、単純な動作にすること。 4、なお、連と連の間は、全員で、「うんとこしょ　どっこいしょ」と、かけ声をかけながら、その場で一回りする。その動作は、「ぞう」「あめんぼ」「くうき」「こころ」などを戯画的に表現したものがよいだろう。2の「うんとこしょ　どっこいしょ」とはちがう動作がよい。	Ⅳ章　二一五頁参照

全員　うんとこしょ　どっこいしょ

①　ぞうが　ありんこ
もちあげる

全員　ぞうが　ありんこ　もちあげる（①のパフォーマンスを繰り返す。以下同じ）

――全員「うんとこしょ　どっこいしょ」とかけ声をかけながら、その場で一回りする。
ただし、「うんとこしょ　どっこいしょ」と二回言ううちに一回りする。以下同じ。

全員　うんとこしょ　どっこいしょ

②　みずが　あめんぼ
もちあげる

全員　みずが　あめんぼ　もちあげる

――全員「うんとこしょ　どっこいしょ」とかけ声をかけながら、その場で一回りして、

全員　うんとこしょ　どっこいしょ

③　くうきが　ふうせん

もちあげる
全員　くうきが　ふうせん　もちあげる
――全員「うんとこしょ　どっこいしょ」とかけ声をかけながら、その場で一回りして、
全員　うんとこしょ　どっこいしょ
④　うたが　こころを
もちあげる
全員　うたが　こころを　もちあげる
――全員「うんとこしょ　どっこいしょ」とかけ声をかけながら、その場で一回りして、
全員　うんとこしょ　どっこいしょ
うんとこしょ　どっこいしょ
うんとこしょ　どっこいしょ
うんとこしょ　どっこいしょ

〈四連の別の表現〉

全員　うんとこしょ　どっこいしょ

④　うたが　こころを　もちあげる（両手でハートを押さえ、その手を上にあげながら）

アアアアー（ドミソドの音階で歌う）

①　アー（ドの音）

②　アー（ミの音）

③　アー（ソの音）

④　アー（高いドの音）

全員　アー（ドミソドの和音）

――全員「うんとこしょ　どっこいしょ」とかけ声をかけながら、その場で一回りして、

全員　うんとこしょ　どっこいしょ
　　　うんとこしょ　どっこいしょ

――全員「うんとこしょ　どっこいしょ」と言いながら退場。

ヨーチエンおんど

――井上ひさし

〈読み手〉

ソロ　1、2　アンサンブル　コーラス　I、II

〈演出ノート〉

この群読の難しさは、「ヨーチエンヤトット　ヨーチエンヤコーラ」のリズムのとり方である。「えんやーとっと、えんやーこーら」という囃子言葉に「幼稚園」という言葉をつけた作者の造語である。リズムをとるのがむずかしい場合、

① 「ヨーチ」「エンヤトット」「ヨーチ」「エンヤコーラ」と切って読む。

② 「ヨー（チ）エンヤトット」と、「チ」の音を飲み込んで小さく読む。そう読むと、
「ヨーチ　エンヤトット　ヨーチ　エンヤコーラ」と聞こえる。

③ 次のように交誦形式で読んでもいいだろう。

A　ヨー（チ）
B　エンヤトット
A　ヨー（チ）
B　エンヤコーラ

〈記号〉

＋　〈漸増〉

〈原作〉

Ⅳ章　二一六頁参照

コーラス　Ⅰ　ヨーチエンヤトット　ヨーチエンヤコーラ
＋コーラス　Ⅱ　ヨーチエンヤトット　ヨーチエンヤコーラ
＋アンサンブル　ハイハイハイ

ソロ　1　となりのススムくん
なんではらこわした

ソロ　2　カレーにケーキにアイスクリームたべすぎて
それではらこわした

アンサンブル　ハア
クイスギだ　クイスギだ

コーラス　Ⅰ　ヨーチエンヤトット　ヨーチエンヤコーラ
＋コーラス　Ⅱ　ヨーチエンヤトット　ヨーチエンヤコーラ
＋アンサンブル　ハイハイハイ

ソロ　1　むかいのユミちゃん
なんできょうはやすんだ

ソロ　２　　テレビみすぎてけさはあさねぼう
　　　　　　それできょうはやすんだ
アンサンブル　ハア
　　　　　　ネボスケだ　ネボスケだ
コーラス　Ⅰ　ヨーチエンヤトット　ヨーチエンヤコーラ
＋コーラスⅡ　ヨーチエンヤトット　ヨーチエンヤコーラ
＋アンサンブル　ハイハイハイ
ソロ　１　　うちのかあさん
　　　　　　なんでニコニコしている
ソロ　２　　パパはよいパパボクまたヨイコ
　　　　　　それでニコニコしている
アンサンブル　ハア
　　　　　　シアワセだ　シアワセだ
コーラス　Ⅰ　ヨーチエンヤトット　ヨーチエンヤコーラ

＋コーラス　II　ヨーチエンヤトット　ヨーチエンヤコーラ
＋アンサンブル　ハイハイハイ

ソロ　1　ようちえんのせんせい
なんでかおしかめる

ソロ　2　ぼくらいたずらおんなのこはメソこ
それでかおしかめてる

アンサンブル　ハア
＋コーラス　I　ゴクローさん　ゴクローさん
＋コーラス　II　ゴクローさん　ゴクローさん

アンサンブル　ハア
コーラス　I　ヨーチエンヤトット　ヨーチエンヤコーラ
＋コーラスII　ヨーチエンヤトット　ヨーチエンヤコーラ
全員　ハイ、ハイ、ハイ

かいぐりマン――鈴木みゆき

〈読み手〉

メンバーを①、②のふたつのグループにわける。

〈原作〉

Ⅳ章　二一七頁参照

〈演出ノート〉

1、①、②は同格。ただし、異なる言葉が重なった場合、②は小さく発声する。

2、並び方。一列でなく、①、②はハの字型にゆるやかに開いて並ぶ。

3、かんたんな動作をつけて群読するといっそう楽しくなる。

4、「かいぐりかいぐりとっとのめ」は江戸時代からの幼児の遊び。「かいぐりかいぐり」と唱えながら両手を胸の前でくるくるまわす。「とっとのめ」で右手の人差し指で左の手のひらを突く。両手で糸を繰るようにまわすので、糸繰りからきた動作と思われる。「かいぐり」は「掻繰《かきく》る」の変化。「とと（とっと）」は鳥・鶏・魚などを言う幼児語で、「とっとのめ」は、その目の意味。

5、なお、この原詩には曲がついて（石川大明氏の作曲）、CDで発売されている。CDには、振り付け図も掲載されている。（「運動会・体育祭・発表会・あそびうた」キングKICG-145）

配置図

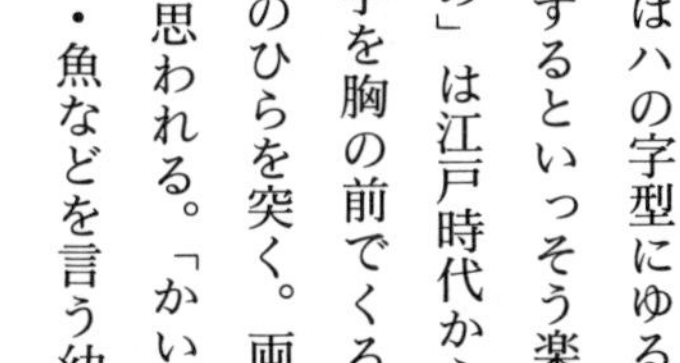

①

かいぐりかいぐりとっとのめ
かいぐりかいぐりとっとのめ
タオルのマント　なびかせて
かいぐりマンは　やってくる

ここかとおもえば　もうあちら
かいぐりマンは　いどころふめい
かいぐりマンは　いたずらとくい

ビーム！

うけてみろ

ピピッピッ　ピピピッ

②

かいぐりかいぐりとっとのめ

かいぐりかいぐりかいぐりマーン
かいぐりかいぐりかいぐりマーン
かいぐりかいぐりとっとのめ
かいぐりかいぐりとっとのめ
かいぐりかいぐりとっとのめ
とっとのめ　とっとのめ

ビーム！

うけてみろ

ピピッピッ　ピピピッ

キック
キック　キック
それいくぞ

ピピッピッ　ピピピッ
ピピッピッ　ピピピッ
かいぐりぐるぐる　ぐるりんパッ
かいぐりぐるぐる　ぐるりんパッ
どんなもんだい
ガッツポーズ
イエイ
かいぐりかいぐりとっとのめ
かいぐりかいぐりかいぐりマン
かいぐりかいぐりかいぐりマン
タオルのマント　なびかせて
かいぐりマンは　やってくる

…………

キック　キック

それいくぞ

ピピッピッ　ピピピッ
かいぐりぐるぐる　ぐるりんパッ
かいぐりぐるぐる　ぐるりんパッ
ぐるりんパッ
ガッツポーズ
イエイ

かいぐりかいぐりかいぐりマン
かいぐりかいぐりかいぐりマン
かいぐりかいぐりとっとのめ
かいぐりかいぐりとっとのめ
かいぐりかいぐりかいぐりマン

ここかとおもえば　またあちら
かいぐりマンは　しんしゅつきぼつ
かいぐりマンは　わんぱくとくい

アタック

それいくぞ

ダダダッ　ダダダッ

チョップ

それいくぞ

ダダダッ　ダダダッ

かいぐりかいぐりかいぐりマン
とっとのめ　とっとのめ
とっとのめ　とっとのめ
とっとのめ　とっとのめ
とっとのめ　とっとのめ

アタック

それいくぞ

ダダダッ　ダダダッ

チョップ

それいくぞ

ダダダッ　ダダダッ

かいぐりぐるぐる　ぐるりんパッ
かいぐりぐるぐる　ぐるりんパッ
どんなもんだい
ガッツポーズ
イエイ！　イエイ！
イエイ！　イエイ！

…………………………………

かいぐりかいぐり　ぐるりんパッ
かいぐりかいぐり　ぐるりんパッ
ぐるりん　ぐるりん　ぐるりんパッ
ガッツポーズ
イエイ！　イエイ！
イエイ！　イエイ！

かぼちゃのつるが――原田直友

〈読み手〉	〈原作〉
①、②、③、④、⑤のグループ（またはソロでもよい）	Ⅳ章　二一八頁参照

〈演出ノート〉

1、かぼちゃのつると葉がぐんぐん伸びる、生命の力強い営みが表現できれば成功である。子どもたちの成長を暗示した作品でもある。子どもたちはその手でなにをつかむのか。

2、声が増えていく漸増法を用いた脚本である。読み手が分読分担をきめるとき、声が増えていくようにするには、声の大から小の順に⑤④③②①を分担するようにする。
ただし、この脚本では、①は声量は小さくても、明瞭な声をあてる。

3、脚本は五段にして書いてあるが、これは群読独特の記譜法で、段を使わなければ、次のようになる。冒頭だけあげる。

①　かぼちゃのつるが
②③　つるが
②③④⑤　つるが
①　はいあがり
②　はいあがり
③　はいあがり

①	かぼちゃのつるが			はいあがり			葉をひろげ			はいあがり	はいあがり	はいあがり	はいあがり	葉をひろげ	ひろげ	ひろげ
②		つるが	つるが		はいあがり			葉をひろげ			はいあがり	はいあがり	はいあがり		ひろげ	ひろげ
③		つるが	つるが			はいあがり			葉をひろげ			はいあがり	はいあがり			ひろげ
④			つるが										はいあがり			
⑤			つるが													

ひろげ　ひろげ　ひろげ　ひろげ
ひろげ　ひろげ　ひろげ　ひろげ　ひろげ
細い先は
たけをしっかりにぎって
屋根の上に
はいあがり
はいあがり
はいあがり
はいあがり
はいあがり
短くなったたけのうえに
はいあがり
はいあがり　はいあがり
はいあがり　はいあがり　はいあがり
はいあがり　はいあがり　はいあがり　はいあがり
はいあがり　はいあがり　はいあがり　はいあがり　はいあがり
葉をひろげ

はいあがり	はいあがり			
葉をひろげ	葉をひろげ	葉をひろげ		
はいあがり	はいあがり	はいあがり	はいあがり	
葉をひろげ	葉をひろげ	葉をひろげ	葉をひろげ	葉をひろげ
はいあがり	はいあがり	はいあがり	はいあがり	はいあがり
小さなその先端は				
	いっせいに	いっせいに	いっせいに	いっせいに
赤子のような手をひらいて				
ああ、いま				
空を				
	空を	空を	空を	空を
つかもうとしている	つかもうとしている（②③④⑤もいっしょに）			

数え歌「一丁目のいっちゃん」——増田良子

〈読み手〉	〈演出ノート〉
一〇人。①～⑩まで番号をふっておく。	1、アンサンブル・コーラス・ソロで表現する。 ＊アンサンブルは三人。指定の子どもが読む。 ＊コーラスはそのソロを抜いた全員。「一丁目」の場合、ソロは①だから、「いも買いに走った」のコーラスは、①を除く全員が読むことになる。 「いも買いに走った」は「いも買いに走った走った走った走った走った……」と、①の子どもが元の位置につくまで「走った」をくりかえす。 「走った」からはせきこんで早く読む。以下、同じ。 ＊ソロは①～⑩まで指定したように順番に分担する。 2、「一丁目のいっちゃん」と呼ばれたら、①の子どもは「はーい」と返事する気持ちで（言葉には出さない）挙手する。以下、同じ。 3、「いも買いに走った」で①はゆっくり動きだすが、「走った走った！」で、下図のように走り、元の位置に戻ったら、右手を前に差し出して「いも一《いっ》こちょうだい」と叫ぶ。

配置図

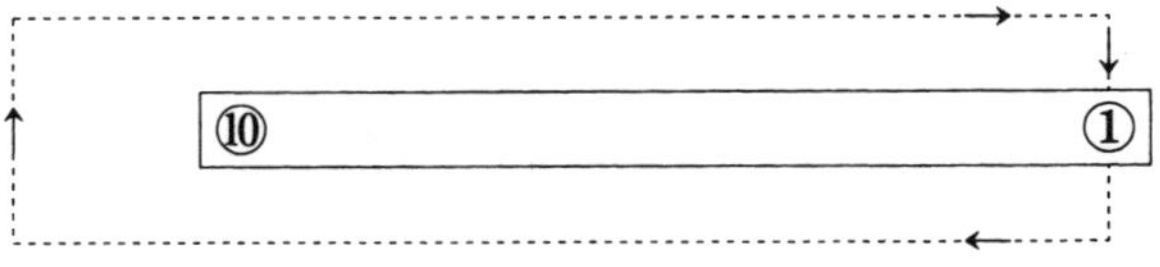

アンサンブル	コーラス	ソロ
②③④　一丁目のいっちゃん	いっちゃん（とくりかえす。以下、同じ）	
	いも買いに走った	
		①　いも一《いっ》こ　ちょうだい
③④⑤　二丁目のにいちゃん＊		
	にんじん買いに走った	
		②　にんじん二本《にほん》　ちょうだい
④⑤⑥　三丁目のさんちゃん＊		
	さんま買いに走った	
		③　さんま三尾《さんび》　ちょうだい
⑤⑥⑦　四丁目のよんちゃん＊		
	ようかん買いに走った	
		④　ようかん四本《よんほん》　ちょうだい
⑥⑦⑧　五丁目のごろちゃん＊		
	ごぼう買いに走った	
		⑤　ごぼう五本《ごほん》　ちょうだい
⑦⑧⑨　六丁目のろくちゃん＊		

ろうそく買いに走った

⑧⑨⑩ 七丁目のななちゃん＊

なっぱ買いに走った

⑨⑩① 八丁目のはっちゃん＊

はくさい買いに走った

⑩①② 九丁目のきゅうちゃん＊

きゅうり買いに走った

①②③ 十丁目のじゅうちゃん＊

ジュース買いに走った

⑥ ろうそく六本《ろっぽん》　ちょうだい

⑦ なっぱ七把《ななわ》　ちょうだい

⑧ はくさい八株《はっかぶ》　ちょうだい

⑨ きゅうり九本《きゅうほん》　ちょうだい

⑩ ジュース十本《じっぽん》　ちょうだい

ポケモン・コーラス

——アニメ「ポケットモンスター」より

〈読み手〉

ポケモン役、一六人。ポケモン・トレーナー、二人。

〈演出ノート〉

1、人気のポケモンを題材にした声の群唱である。声が混合して発する「騒音」の楽しさと身振り手振りの面白さで楽しむ群読である。

2、動作（パフォーマンス）は役にあたった子どもに考えさせる。なお、この脚本にとらわれず、子どもの好きなポケモンをとりあげ、言葉と動作を考えさせ演じさせるとよい。

3、この脚本では、「ぼく」「わたし」と男女交互に読むようになっているが、男女比の事情により男女順番に読まなくていい。ただし、男は「ぼく」女は「わたし」と言う。

4、出演者は一八人になっているが、学級、またはグループの人数にあわせて自由に増減する。人数の多い場合は、一役を二人で読むといいだろう。

〈参考資料〉

『ポケットモンスターだいずかん』（小学館）『ポケットモンスター／アニメ超ひゃっか①～④』（小学館）「ライバル！」（ピカチュウレコード）

〈原作〉

アニメ「ポケットモンスター」

最初、一列に並んでいる。右端の「ピカチュウ」役が一歩前へ出る。右手人差し指で自分の鼻の頭を指しながら「ぼく、ピカチュウ」と言ってから、「ピカッ、ピカッ、ピカ、ピカ、ピカチュウ、ピカ、ピカチュウ」と言いながら、手足を動かし（歩いてもよい）、ピカチュウらしいパフォーマンスを演じる。言い終ったら列に戻る。

同時に、次の「プリン」役が一歩前へ出て、動作しながら、プリンのように眠そうに読む。

なお、役にあった服装をするといっそう盛り上がる

全員で、アニメ「ポケットモンスター」のテーマ曲「ライバル！」を歌う（二一八頁参照）。

1「ぼく、ピカチュウ　ピカッ、ピカッ、ピカ、ピカ、ピカチュウ、ピカ、ピカチュウ」
2「わたし、プリン　プリ、プリ、プリ、プリ、プリン、プリン、プリン、プリ、プリン」
3「ぼく、ミュウツー　ミ、ミ、ミ、ミ、ミュウ、ミュウ、ミュウ、ミュウツー、ツー」
4「わたし、トサキント　キン、キン、キン、トサキント、トサキン、トサキン、トサキント」
5「ぼく、オニドリル　オニ、オニ、ドリル、オニドリル、オニ、オニ、ドリル、オニドリル」
6「わたし、ピッピ　ピッ、ピッ、ピッピ、ピピピピピ、ピッ、ピッ、ピッピ、ピッピッピ」
7「ぼく、サンドパン　サンドパン、サンドパン、サンドパン、パン、サンドパン、パン」
8「わたし、ニドラン　ニド、ニド、ニドラン、ニドラン、ラン、ニドラン、ニドラン、ラン」

9　「わたしたち、ポケモンのトレナー　バトルだ、バトルだ、つよくなれ、つよくなれ」
10　「ぼく、イワーク　イワーク、イワーク、イワクークー、イワク、イワク、イワーク、クー」
11　「わたし、ラプラス　ラプラス、ラプラス、ラプ、プラス、ラ、ラ、ラプラス、ラプ、プラス」
12　「ぼく、フシギダネ　フシギ、フシギ、フシギダネ、フシギ、フシギ、フシギダネ」
13　「わたし、ナゾノクサ　ナゾナゾ、クサクサ、ナゾノクサ、ナゾノクサ、ナゾノクサ」
14　「ぼく、ヒトカゲ　ヒト、ヒト、ヒト、ヒト、ヒトカゲ、ゲ、ゲ、ゲ、ゲ、ゲ、ヒトカゲ、ゲ」
15　「わたし、ラフレシア　ラ、ラ、ラ、ラ、ラフレシア、ラフ、ラフ、ラフ、ラフ、ラフレシア」
16　「ぼく、ペロリンガ　ペ、ペ、ペ、ペ、ペロリンガ、ペ、ペ、ペロ、ペロ、ペロリンガ、ペロ」
17　「わたし、パウワウ　パウワウ、パウワウ、パウ、パウワウ、パ、パ、パ、パ、パウワウワウ」

ここからは追いかけに入る。19は18の「／」から入る。というように、前の「／」から追いかけて入る。「やめ」の合図があるまで、自分の動作と言葉をくりかえし、読んでいく。

18　ピカチュウ役「ピカッ、ピカッ、ピカ、ピカ、ピカチュウ／ピカ、ピカチュウ」
19　プリン役「プリ、プリ、プリ、プリ、プリン／プリン、プリン、プリ、プリン」
20　ミュウツー役「ミ、ミ、ミ、ミ、ミュウ、ミュウ、ミュウ／ミュウツー、ツー」
21　トサキント役「キン、キン、キン、トサキント／トサキン、トサキン、トサキント」

22　オニドリル役　「オニ、オニ、ドリル、オニドリル／オニ、オニ、ドリル、オニドリル」
23　ピッピ役　「ピッ、ピッ、ピッピ、ピピピピピ／ピッ、ピッ、ピッピ、ピッピッピ」
24　サンドパン役　「サンドパン、サンドパン、サンドパン、パン／サンドパン、パン」
25　ニドラン役　「ニド、ニド、ニドラン、ニドラン、ラン／ニドラン、ニドラン、ラン」

「やめ」の合図。笛を吹いたり、鐘を鳴らす。
合図があったらただちに言葉も動作も、その場でやめる。
すぐに、ポケモンのトレナーが言葉を読みながら動作する。

26　ポケモンのトレナー役　「バトルだ、バトルだ、つよくなれ、つよくなれ」

ついで、イワークが読みながら動作する。以下「／」のところから追いかけていく。
その間、ピカチューからニドランは休んでいる。

27　イワーク役　「イワーク、イワーク、イワークークー／イワク、イワク、イワーク、クー」
28　ラプラス役　「ラプラス、ラプラス、ラプ、プラス／ラ、ラ、ラプラス、ラプ、プラス」
29　フシギダネ役　「フシギ、フシギ、フシギダネ／フシギ、フシギ、フシギダネ」

30　ナゾノクサ役　「ナゾナゾ、クサクサ、ナゾノクサ／ナゾノクサ、ナゾノクサ」
31　ヒトカゲ役　「ヒト、ヒト、ヒト、ヒト、ヒトカゲ、ゲ／ゲ、ゲ、ゲ、ヒトカゲ、ゲ」
32　ラフレシア役　「ラ、ラ、ラ、ラ、ラフレシア／ラフ、ラフ、ラフ、ラフ、ラフレシア」
33　ペロリンガ役　「ペ、ペ、ペ、ペ、ペロリンガ／ペ、ペ、ペロ、ペロ、ペロリンガ、ペロ」
34　パウワウ役　「パウワウ、パウワウ、パウ、パウワウ／パ、パ、パ、パ、パウワウワウ」

「やめ」の合図。ただちに言葉も動作もやめる。

35　ポケモンのトレナー役　「バトルだ、バトルだ、つよくなれ、つよくなれ」

全員がいっせいに読みながら動作する。大群唱となる。「やめ」の合図。一呼吸おいて。

36　全員　「バトルだ、バトルだ、ゆけ、ゆけ、ポケモン、ゆけ、ゆけ、ポケモン」

と、くりかえし叫びながら、ステージから飛び出していく。

ゆきがふる

―――まど・みちお

ここには、Ⅰ・Ⅱ、ふたつの脚本をあげた。
Ⅰは追いかけを使った例、Ⅱはバックコーラスをつけた例である。

〈読み手〉	〈演出ノート〉	〈記号〉	〈原作〉
Ⅰ　ソロ　1、2、3、4の四人。 Ⅱ　ソロ。 コーラス。（三〜五人）	1、Ⅰ・Ⅱ、ともに、静かにゆっくりしたリズムで読む。 2、とくに注意することは、＊のついた「ふるふる　ふるふる　ゆきが　ふる」は小さく発音する。 3、短い詩なので、Ⅰ・Ⅱを続けて読むとよいだろう。その場合、Ⅰの1234は、Ⅱでは、1がソロ、234がコーラスを担当することになる。 4、しんしんとたえまなく降る雪の様子が表現できれば成功である。	┌　〈追いかけ〉	Ⅳ章　二一九頁参照

※Ⅰ　追いかけを用いた例。

2　ふるふる　ふるふる　ゆきが　ふる
1　ゆきを　みあげて　たつ　ぼくに
2　ふるふる　ふるふる　ゆきが　ふる
3　　　　　　　　　ふるふる　ふるふる　ゆきが　ふる
1　とつぜん　ぼくは　のぼってく
23　ふるふる　ふるふる　ゆきが　ふる
1　せかいじゅうから　ただ　ひとり
1　そらへ　そらへと　のぼってく
2　そらへ　そらへと　のぼってく
3　　　　　　　　そらへ　そらへと　のぼってく
4　　　　　　　　　　　そらへ　そらへと　のぼってく
1　ふと　きがつくと　ゆきが　ふる
1　ゆきを　みあげて　たつ　ぼくに
2　ふるふる　ふるふる　ゆきが　ふる
3　　　　　ふるふる　ふるふる　ゆきが　ふる
4　　　　　　　　　ふるふる　ふるふる　ゆきが　ふる

1234　ふるふる　ふるふる　ゆきが　ふる

（くりかえしながら消えていく………）

※II　バックコーラスを用いた例。

ソロ	コーラス
	ふるふる　ふるふる　ゆきが　ふる
ゆきを　みあげて　たつ　ぼくに	
	ふるふる　ふるふる　ゆきが　ふる
とつぜん　ぼくは　のぼってく	
せかいじゅうから　ただ　ひとり	＊ふるふる　ふるふる　ゆきが　ふる
そらへ　そらへと　のぼってく	＊ふるふる　ふるふる　ゆきが　ふる
	ふるふる　ふるふる　ゆきが　ふる
ふと　きがつくと　ゆきが　ふる	
ゆきを　みあげて　たつ　ぼくに	＊ふるふる　ふるふる　ゆきが　ふる
ふるふる　ふるふる　ゆきが　ふる	ふるふる　ふるふる　ゆきが　ふる
ふるふる　ふるふる　ゆきが　ふる	ふるふる　ふるふる　ゆきが　ふる

（くりかえしながら消えていく………）

どいてんか――島田陽子

〈読み手〉

ソロ　アンサンブル　コーラス

〈原作〉

Ⅳ章　二二〇頁参照

〈演出ノート〉

1、「どいてんか」は、大阪弁で「どいてください」の意味。ふつう「どいてんか」（圏点にアクセント）と発音するが、ここでは「①どーいてんかー」と「②どいてんかー」の二つに使い分けて読むようにした。①は「どーいてんかー」②は「どいてんかー」と表記した。

2、並び方を工夫する。たとえば、一列に並ぶのでなく、三角形のオムスビ型に並ぶ。先頭がソロ、中列がアンサンブル、後二列がコーラスの密集形態。

3、また、姿勢も工夫する。おみこしを担いだように、少し腰を落とし、やや前傾姿勢になり、からだ全体で拍子をとりながら読む。

4、さらに、カスタネットや当《あた》り鉦《かね》、なければ、板や机を打つなどして、拍子を刻みながら読むといいだろう。

5、速度感をもって読みすすめると、みこしだ、わっしょいの雰囲気が表現できる。

配置図

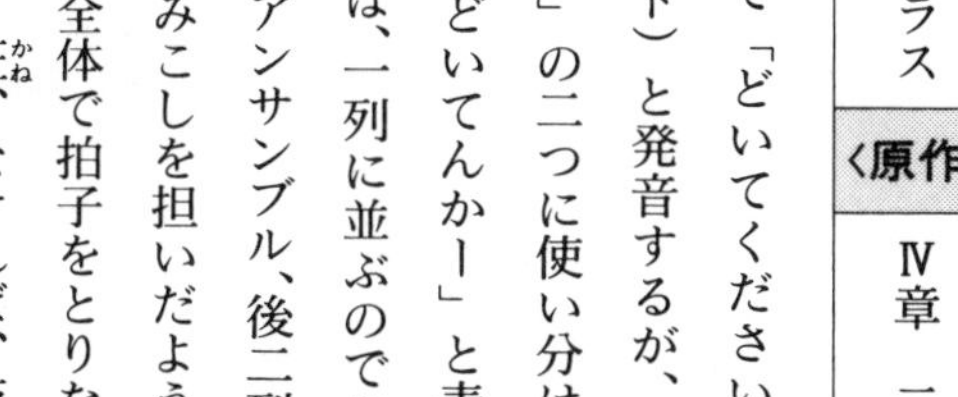

ソロ	アンサンブル	コーラス
まつりだ　まつりだ		
	おんなのみこしや	わっしょい　わっしょい
		わっしょい　わっしょい
どーいてんかー		
	どーいてんかー	
おんなのみこしや		
	どいてんかー	
		どいてんかー
みんなではやせば	みんなではやせば	
つゆぞら　はえる	つゆぞら　はえる	
	わっしょっしょっしょ	
		わっしょい　わっしょい
どいてんかー		
	どいてんかー	どいてんかー
		わっしょい　わっしょい
		わっしょい　わっしょい

		わっしょい　わっしょい
どーいてんかー		わっしょい　わっしょい
	どーいてんかー	わっしょい　わっしょい
おんなのみこしや		わっしょい　わっしょい
どいてんかー		わっしょい　わっしょい
	どいてんかー	わっしょい　わっしょい
みんなではしれば		わっしょい　わっしょい
うなるよ　かぜが	うなるよ　かぜが	わっしょい　わっしょい
びゅううん　びゅううん		
びゅううん　びゅううん	びゅううん　びゅううん	
どーいてんかー	びゅううん　びゅううん	びゅううん　びゅううん
どーいてんかー	どーいてんかー	びゅううん　びゅううん
		びゅううん　びゅううん
どいてんかー	どいてんかー	どいてんかー
どいてんかー	どいてんかー	どいてんかー

なまけ忍者——しょうじ・たけし

〈読み手〉	〈演出ノート〉	〈記号〉
ソロ　ぼく　男　わたし　女 忍者　1、2、3　＊忍者は男子でも女子でもどちらでもいい	1、忍者は低い声、不気味な声、かすれ声、甘い声、ささやく声など、工夫して発声する。 2、少し演出を加えると楽しい群読ができる。脚本では、忍者が登場し、ぼくとわたしを誘惑するようになっている。ただし、ぼくとわたしには忍者の姿は見えないものとして演じる。 3、最後に、ぼくとわたしが、忍者を指さして「消えてくれ！」と叫ぶ場面があるが、その後、あらかじめ観客に頼んでおいて、ぼくとわたしといっしょになって「消えてくれ！　消えてくれ！　消えてくれ！」と叫んでもらうと、「忍者、とびあがって、ほうほうの態で退場」が、いっそう効果的に表現できる。	1、┌┐〈追いかけ〉　2、＋〈漸増〉 〈原作〉 Ⅳ章　二二〇頁参照

配置図

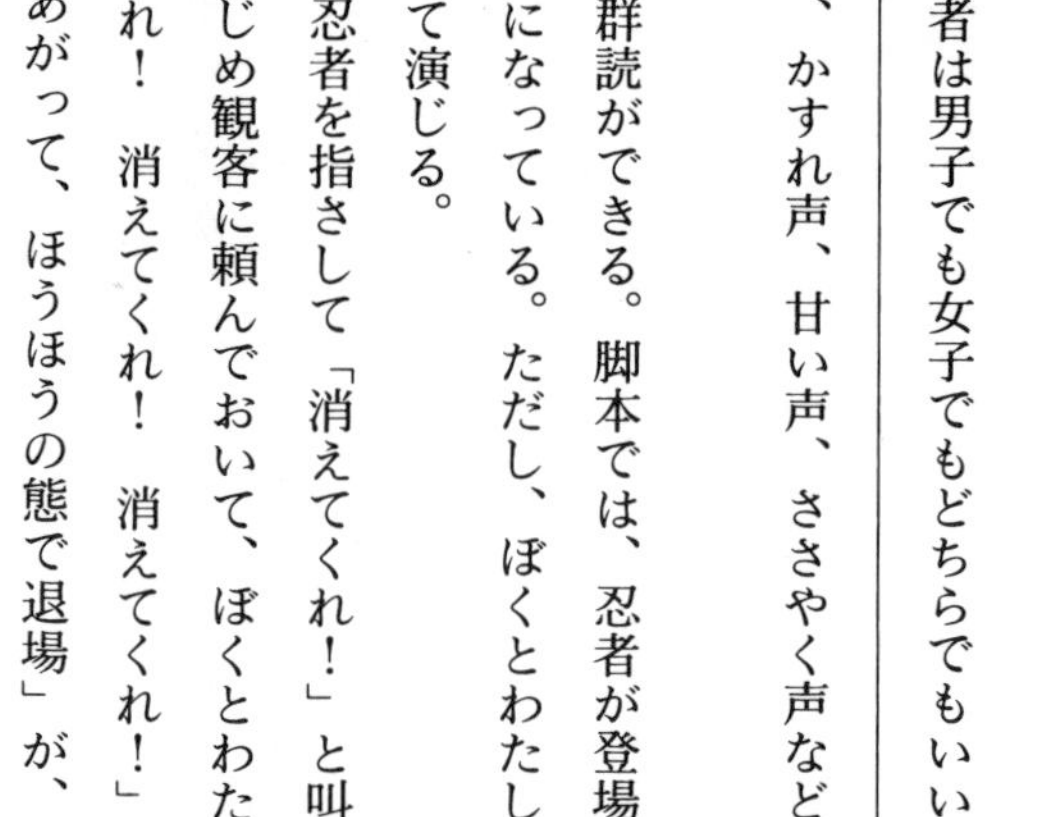

――ぼくとわたしは舞台中央に並んで椅子に座っている。
――忍者は隠れている。忍者1はぼくとわたしの後ろに、忍者2は右そで、3は左そで。

わたし　わたしの　おへやの　すみっこに
＋ぼく　なまけ忍者が　かくれてる
忍者1　(顔を出して)　かくれてる
＋忍者2　(顔を出して)　かくれてる
＋忍者3　(顔を出して)　かくれてる

――忍者たちすばやく顔を引っ込める。

わたし　わたしが　べんきょう　していると
　　なまけ忍者の　ひくい　声

――忍者たち次々に顔を出しながら、

忍者1　ちょっと　テレビを　つけてくれ
忍者2　ちょっと　テレビを　つけてくれ
忍者3　　　ちょっと　テレビを　つけてくれ
忍者1　　　　　ちょっと　テレビを　つけてくれ

――そう言いながら、23の忍者はぼくとわたしの後ろに寄ってきて、耳の後ろから、

忍者2　つづきまんがを　見たいのじゃ

忍者3　つづきまんがを　見たいのじゃ
忍者1　　つづきまんがを　見たいのじゃ
忍者2　　　つづきまんがを　見たいのじゃ
忍者3　みたいのじゃ
＋忍者1　みたいのじゃ
＋忍者2　みたいのじゃ
わたし　なまけ忍者に　さそわれて
　わたしも　テレビを　見てしまう
＋ぼく　見てしまう
——忍者たち笑みをたたえ、Vサインを出して、ふたりの後ろに隠れる。
ぼく　ぼくが　おそうじ　はじめると
　なまけ忍者の　ひくい　声
忍者3　どうせ　また　すぐ　よごれるさ
——忍者たち、頭を出し、ふたりの耳元で、
忍者1　どうせ　また　すぐ　よごれるさ
忍者2　　どうせ　また　すぐ　よごれるさ
忍者3　　　どうせ　また　すぐ　よごれるさ

忍者1　むだな　しごとは　やめなされ
忍者2　むだな　しごとは　やめなされ
忍者3　　　　むだな　しごとは　やめなされ
忍者1　　　　　　　　むだな　しごとは　やめなされ
忍者3　やめなされ
＋忍者1　やめなされ
＋忍者2　やめなされ
ぼく　なまけ忍者が　いるかぎり
　　なにを　やっても　ぼくは　だめ（がっくり）
わたし　なまけ忍者が　いるかぎり
　　なにを　やっても　わたし　だめ（がっくり）
——だが、ぼくとわたし、顔をあげ、きりっと、
ぼく　なまけ忍者よ　おねがいだ
＋わたし　はやく　どこかへ　消えてくれ！
——と、立ち上がり前方を指さして、（忍者を指さすのではなく）
　　消えてくれ！　消えてくれ！　消えてくれ！
——忍者、とび上がって、ほうほうのていで退場。

早口ことばのうた——藤田圭雄

〈読み手〉

1、2、3、4の四人。または四つのグループ。

〈演出ノート〉

1、ことばのけいこにふさわしい詩である。ことばのけいこだから、朗読教材として、一人ひとりの子どもに読ませることになるが、最初は、グループで、しかも、群読の形で読むと、みんなで詩を読む楽しさに引き込まれ、声も出て、朗読が好きになっていく。

2、緩急を大きくつけて読むと効果的である。一連を例にすると、「早口ことばを知ってるかい～あたまをひやしてしゃべるんだ」までは、これ以上、ゆっくり読めないというほどゆったり読み、「生麦／生米／生卵」になったら徐々にスピードをあげていき、くりかえしの「生麦　生米　生卵」は、もうこれ以上早く読めないというほど、早く読む。

3、二連の「交響曲　歌曲　協奏曲」は、わざと舌をもつれさせ、失敗する。

4、三連の早口ことばはぴたっときめる。

〈記号〉

1、＋〈漸増〉　2、§〈乱れ読み〉

〈原作〉

Ⅳ章　二二一頁参照

1　早口ことばを知ってるかい
2　おやゆびしっかりにぎりしめ
＋3　くちびるじゅうぶんしめらせて
＋4　あたまをひやしてしゃべるんだ
2　生麦
3　生米
4　生卵
全　生麦　生米　生卵

2　むずかしそうだがなんでもない
3　おへそにちからをいれるのさ
4　あおぞらみつめてしゃべるんだ
§全　交響曲　歌曲　協奏曲　交響曲　歌曲　協奏曲（舌がもつれて、うまく言えない）
四人、頭をかいて、
2　だれなの

＋3　みてたの
＋4　きいてたの
1　れんしゅうちゅうだよ
234　だめですよ
1　ひとりじゃてれるよ
234　まごつくよ
全　ふたりでなかよくしゃべろうよ
12　消防車　清掃車　散水車
34　消防車　清掃車　散水車
全　生麦　生米　生卵
交響曲　歌曲　協奏曲
消防車　清掃車　散水車

ヤダくん——小野ルミ

〈読み手〉

ソロ　ヤダくん
コーラス　数人

〈原作〉

Ⅳ章　二三二頁参照

〈演出ノート〉

1、中央に椅子を用意し、その後ろにコーラスが立つ。ヤダくんは途中から登場し、椅子に座る。

2、「ヤダくん」の「ヤダ」と「いやだやだ」の「やだ」とを区別して読むようにする。

3、ヤダくんは「やだやだ」と、手をふり足を踏みならして表現する。

4、リズムをくずさないように読む。詩の群読で大切なことはリズムの保持である。

5、最後の「ヤッくーん　おつかい、おねがいね」「ハーイ」の部分は、東京都・大田区の女性教師グループの工夫である。

6、子どもたちに、いろいろな「やだ」を創作させてもいいだろう。
「いやだ　やだやだ　いやだやだ／かあさん　あさから　おこるのは」
「いやだ　やだやだ　まっぴらだ／かげぐち　いじめや　いじわるは」など。群読活動には、こうした遊びへの発展が期待される。

配置図

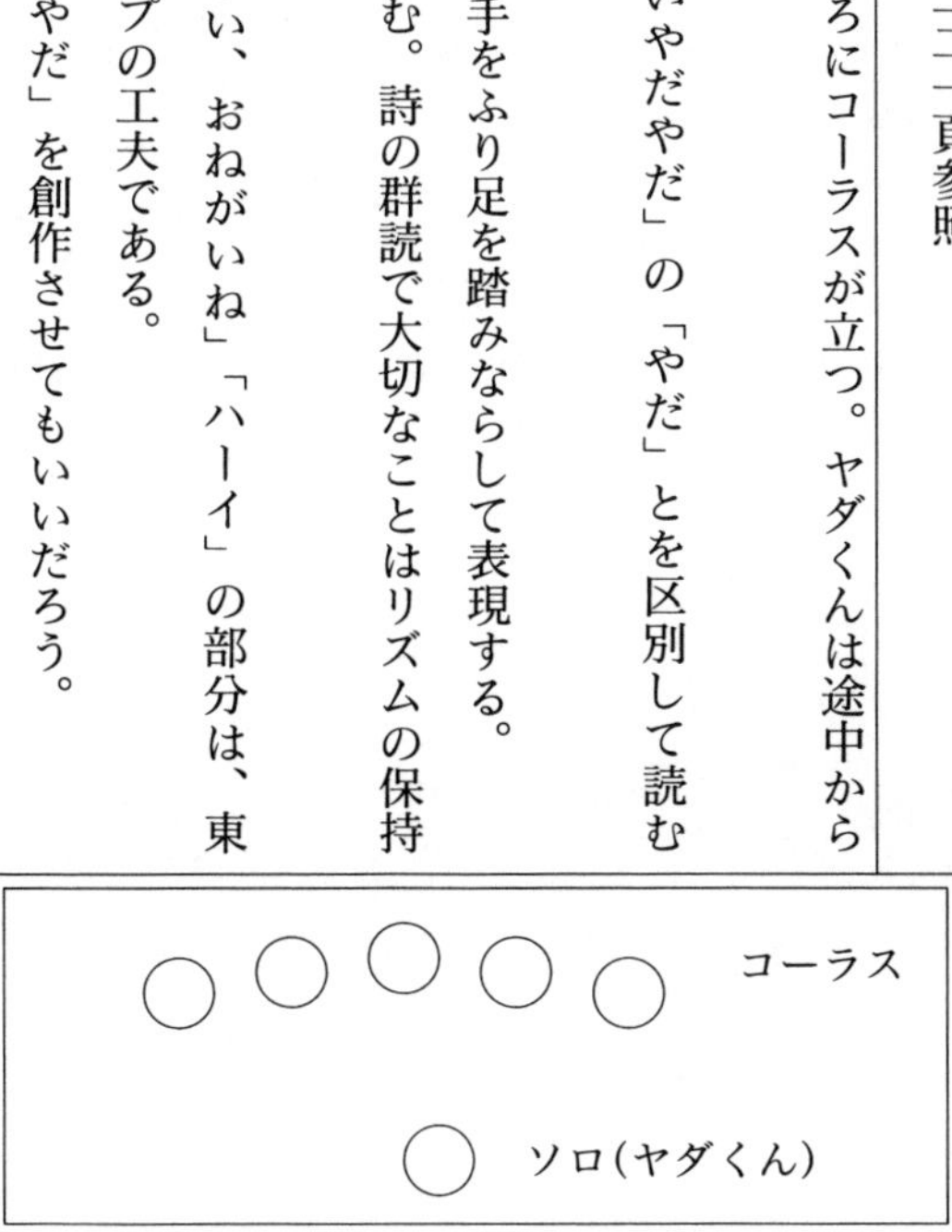

ヤダくん	コーラス
	ヤダくん　ヤダくん　あまのじゃく
	まいにち　やだやだ　いいどおし
	ヤダくーん
やだやだやだやだ　ああいやだ	
（と言いながらヤダくん登場、椅子にすわる）	
やだやだやだやだ　ああいやだ	
	べんきょう　おつかい　はやおきも
やだやだ　やだやだ　まっぴらだ	
	やだやだ　ヤダくん　あまのじゃく
やだやだ　やだやだ　ああいやだ	
	ヤダくん　ヤダくん　あまのじゃく
やだやだやだやだ　いやだやだ	
	あさから　ばんまで　ねごとにも
	なんでも
やだやだ　ああいやだ	
	まいにち　やだやだ　いいどおし

やだやだ　やだやだ　ああいやだ
やだやだ　やだやだ　まっぴらだ
やだやだ　やだやだ　まっぴらだ
やだやだ　やだやだ　まっぴらだ（くりかえしながら、小さく消える）

ヤダくん　あるとき　きがついた
やだやだ　やだやだ　いいすぎて
いやだと　いわない　ものがない
いやだと　いわない　ものがない
さいごの　ひとつを　のこしては
ヤダくん　やだやだ　いやだやだ
うでぐみ　あぐらで　だいけっしん
さいごの　いやだを　いってみた
やだやだ　いうのは　もういやだ
えーっ
やだやだ　いうのは　もういやだ
やだやだ　いうのは　もういやだ

やだやだ　いうのは　まっぴらだ

（小さく）やだやだ　いうのは　まっぴらか

（影の声）ヤッくーん　おつかい、おねがいね

ハーイ（と立ち上がってかけだしていき、退場）

ネズミの嫁入り

――増田良子

〈読み手〉	〈演出ノート〉	〈記号〉
ソロ　1 アンサンブル　①、② コーラス	1、ねずみの嫁入り先をめぐるディベート。ソロは長老。①と②はねずみの娘の親せき・知人などの関係者。コーラスは村人たちといった役割。 2、①、②は、たがいに激しく論じ合う。 3、(口々に)とあるところは乱れ読み。そろって読まなくてもよい。わざとバラバラに読む。 4、並び方に工夫。中心にスカーフをかぶった「娘」が座わり、その後ろ一段高くコーラス。「娘」の右にアンサンブル①、左にアンサンブル②。①と②はゆるやかな八の字型に向かい合う。ソロ1は中央に立つ。	＋　〈漸増〉 〈原作〉 Ⅳ章　二二二頁参照

配置図

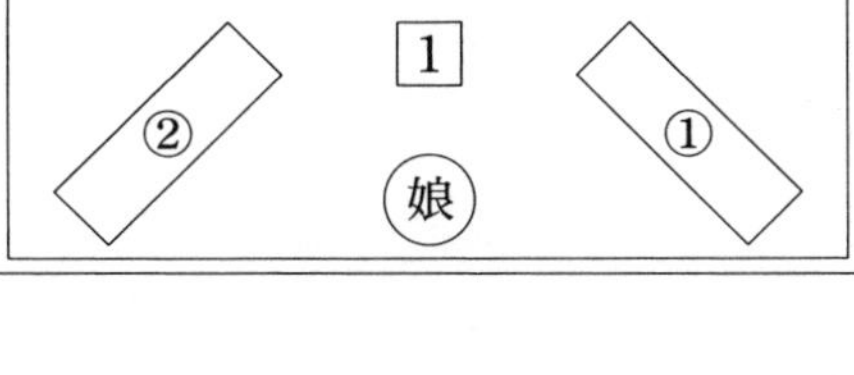

1　ねずみの娘さん　だれに嫁入りしょうかな　だれに嫁入りしょうかな

①②　一番えらーい婿さまに　一番えらーい婿さまに

コーラス　一番えらーい婿さまに　一番えらーい婿さまに

1　一番えらい、一番えらーい、婿さまにか

コーラス　だれが一番えらいんや　だれが一番えらいんや

①　すべてを照らすお日さまじゃ

お日さまこそえらいんじゃ

コーラス　（口々に）お日さまこそえらいんじゃ

お日さまこそえらいんじゃ（チューチュー大騒ぎ）

②　お日さまえらいんなら　なんで雲にかくされる

雲こそえらいんや

コーラス　（口々に）雲こそえらいんじゃ

雲こそえらいんじゃ（チューチュー大騒ぎ）

①　雲こそえらいなら　なんで風に飛ばされる

風こそえらいんや

コーラス　（口々に）風こそえらいんじゃ

風こそえらいんじゃ（チューチュー大騒ぎ）

②　風こそえらいなら　なんで壁にじゃまされる
　　壁こそえらいんや
コーラス　（口々に）壁こそえらいんじゃ
　　壁こそえらいんじゃ（チューチュー大騒ぎ）
①　壁こそえらいなら　なんでねずみにかじられる
　　ねずみこそえらいんや
コーラス　（口々に）ねずみこそえらいんじゃ
　　ねずみこそえらいんじゃ
①②　（口々に）ねずみじゃ　ねずみじゃ
　　ねずみこそえらいんじゃ
＋コーラス　ねずみこそえらいんじゃ（チューチュー大騒ぎ）
1　ねずみの娘さん　それでねずみにお嫁入り　ねずみにお嫁入り
①②　となりのねずみにお嫁入り
＋コーラス　となりのねずみにお嫁入り
　　めでたし　めでたし　めでたし　めでたし（チューチュー大騒ぎ）

はこあけのうた——谷川俊太郎

〈読み手〉
ソロ　1、2、3、4、5、6、7の七人。 コーラス　大勢ほど迫力がある。
〈原作〉
Ⅳ章　二三二頁参照

〈演出ノート〉

1、1~7は、少し間隔を取って一列に並んでいる。コーラスはその後ろに一段高い位置に立つ。

2、はこもテーブルもないが、あるものとしてすすめていく。その位置は4の前である。そこにテーブルがあり、はこが置いてあると想定してすすめる。1~7の目線が一致し、狂わないように注意する。

3、最初、1は2に半身を向けて、4の前にある〈どろのはこ〉を「あけろ」という。次は1、2が半身を3に向けて「あけろ」という。以下、このパターンですすむ。

4、コーラスの*のカタカナ書きの部分は無声音で発声する。ただし、強く発声する。無声音の練習にもなる教材である。

*無声音とはささやく声のように、声帯の振動をともなわない音。カサタナハ行の子音、ささやくときのアイウエオなどが無声音。

ソロ	コーラス　＊無声音で発声
1　（2に向かって）どろのはこ　あけろ	
	あけろ　あけろ
2　いしのはこが　はいってる	
	いし！　＊イシ！　イシ！　イシ！
——1・2は少し考え込むが、3に半身を向けていう。以下、同じ。	
1 2　（3に向かって）いしのはこ　あけろ	
	あけろ　あけろ
3　わらのはこが　はいってる	
	わら！　＊ワラ！　ワラ！　ワラ！
1〜3　（4に向かって）わらのはこ　あけろ	
	あけろ　あけろ
4　ぬののはこが　はいってる	
	ぬの！　＊ヌノ！　ヌノ！　ヌノ！
1〜4　（5に向かって）ぬののはこ　あけろ	

あけろ　あけろ

5　かわのはこが　はいってる

かわ！　＊カワ！　カワ！　カワ！

1～5　（6に向かって）かわのはこ　あけろ

あけろ　あけろ

6　ほねのはこが　はいってる

ほね！　＊ホネ！　ホネ！　ホネ！

1～6　（7に向かって）ほねのはこ　あけろ

あけろ　あけろ　あけろ

7　ゆめのはこが　はいってる

ゆめ！　＊ユメ！　ユメ！　ユメ！

1～7　ゆめのはこ　あけろ

あけろ　あけろ　あけろ

――全員、真ん中にある「はこ」をやや半円形に取り囲む。

1～7　（ゆっくりと）ゆめのはこ　あけたら

	あけた　あけた　あけた　ら
1～3　からのはこが　はいってた	
	から?　＊カラ?　カラ?　カラ?
4～6　からのはこの　なかは	
	＊カラ?　カラ?　カラ?　カラ?
7　かぜのおと　ばかり	
	かぜ!?　＊カゼ!?　カゼ!?　カゼ!?
1～7　（小さく）かぜのおと　ばかり	
	＊カゼ!?　カゼ!?　カゼ!?　カゼ!?
1～7　（ささやくように）かぜのおと　ばかり	
	（小さく）＊バカリ、バカリ………（消える）

あめ――山田今次

〈読み手〉

ソロ　八人。1、2、3、4、5、6、7、8。これが一番読みやすいだろう。八人のうち1〜4を①グループ、5〜8を②グループとする。

〈演出ノート〉

1、快いテンポにつられて、読みが早くならないように注意する。

2、間のとりかたは、最初は手を打ちながらとっても、だんだんと心の中でとれるようにしていく。

4、この詩は、教科書（教育出版「国語」5年上）に群読教材として採用されているように、群読にふさわしい教材であるが、いざ取り上げて見ると、なかなかむずかしい作品である。いろいろな表現が可能なので、グループをつくって、グループごとに表現を工夫させ、発表会を開いて、それぞれの創意から学ぶようにするとよいだろう。

5、なお、この脚本は追いかけを用いているが、途中、「ざんざん　ざんざん」といったことばをバック・コーラスにして読んでも面白いだろう。

〈記号〉

1、┌┐〈追いかけ〉　2、＋〈漸増〉

〈原作〉

Ⅳ章　二二三頁参照

1　あめ
＋2　(4拍、間をおいて)あめ
＋3　(3拍、間をおいて)あめ
＋4　(2拍、間をおいて)あめ
＋5　(1拍、間をおいて)あめ
＋6　あめ
＋7　あめ
＋8　あめ
全　あめはぼくらを　ざんざか　たたく
23　ざんざか　ざんざか
45　ざんざか　ざんざか
678　あめはざんざん　ざかざか　ざかざか
1　ほったてごやを　ねらって　たたく
＋2　ぼくらの　くらしを　びしびし　たたく
3　さびが　ざりざり　はげてる　やねを
＋4　やすむ　ことなく　しきりに　たたく
12　ふる　ふる

＋34　ふる　ふる
＋56　ふる　ふる
＋78　ふる　ふる
1　あめは　ざんざん　ざかざん　ざかざん
2　ざんざん　ざかざん　ざかざん
3　ざかざん　ざかざん
4　ざかざん
②　ざかざん　ざかざん
①　ざんざん　ざかざか
5　つぎから　つぎへと　ざかざか　ざかざか
6　つぎから　つぎへと　ざかざか　ざかざか
7　つぎから　つぎへと　ざかざか　ざかざか
8　つぎから　つぎへと　ざかざか　ざかざか
①　みみにも　むねにも　しみこむ　ほどに
②　ぼくらの　くらしを　かこんで　たたく
全　かこんで　たたく

すっとびとびすけ――谷川俊太郎

〈読み手〉

ソロ　1

アンサンブル　①、②、③　（なお、ソロで読んでもいい。）

〈演出ノート〉

1、最後に笑いの落としのあるメルヘンチックなトリックスターの物語である。とぼけた味がでれば成功である。

2、①が主役。②・③は引き立て役としてバックを支える。

3、最初の題名読みから生き生き表現する。
本書九頁、「群読のつくり方――タイトル読み」の項、参照。

4、早めのリズムに乗って読んでいくが、最後の「じぶんのそうしき　まにあった」はゆっくりと読む。

5、「じぞうにぶつかり」「痛！」と叫んだり、終末効果をあげるため、最後に「よかったね」と落としたり、「チーン」と鐘を打ったり、「なんまいだ、なんまいだ」で終わってもいい。ここは工夫である。こうした遊びをつけ加えると、いっそう楽しくなる。

〈記号〉

〈追いかけ〉

〈原作〉

Ⅳ章　二一三頁参照

①	②	③
すととんすととんすっとんとん		
	すっとんすっとんすっとんとん	
		すっとんとーんすっとんとーん
すっとんすっとんすっとんとん	すっとんすっとんすっとんとん	すっとんとーんすっとんとーん
すっとびとびすけ　すっとんだ		すっとんとーんすっとんとーん
ふんどしわすれてすっとんとん		すっとんとーんすっとんとーん
あさめしくわずにすっとんとん		すっとんとーんすっとんとーん
	すっとんすっとんすっとんとん	すっとんとーんすっとんとーん
すっとびとびすけ　すっとんだ	すっとんすっとんすっとんとん	すっとんとーんすっとんとーん
	すっとびとびとび　すっとんだ	すっとびとびとび　すっとんだ
とぐちでころんですっとんとん	すっとんすっとんすっとんとん	すっとんとーんすっとんとーん
じぞうにぶつかりすっとんとん	すっとんすっとんすっとんとん	すっとんとーんすっとんとーん
	すっとんすっとんすっとんとん	すっとんとーんすっとんとーん
すっとびとびすけ　すっとんだ	すっとんすっとんすっとんとん	すっとんとーんすっとんとーん
ふじさんとびこえ		
	とびこえ	

		とびこえ
びわこをまたいで		
またいで	またいで	
またいで	またいで	またいで
すっとびとびとび　すっとんだ		
	すっとんとーんすっとんとーん	すっとんとーんすっとんとーん
すっとびとびすけ　まにあった	すととんすととんすっとんとん	すっとんとーんすっとんとーん
	まーにあった　まにあった	すっとんとーんすっとんとーん
やっとこすっとこ　まにあった		
やっとこすっとこ　まにあった		
	やっとこすっとこ　まにあった	
		やっとこすっとこ　まにあった
じぶんのそうしき　まにあった		
	まーにあった　まにあった	
		じぶんのそうしき　まにあった
まーにあった　まにあった	まーにあった　まにあった	まーにあった　まにあった

山かつぎ——北原白秋

〈読み手〉	〈演出ノート〉	〈原作〉
ソロ　アンサンブル　コーラス なお、人数の少ない場合、すべてソロでもいい。また、すべてアンサンブルでもよい。その場合、アンサンブルはソロ＋一人、コーラスはアンサンブル＋一人。	1、囲炉裏を囲んで、村の古老が子どもたちに昔話を聞かせている情景を思い浮かべるとよいだろう。ソロは昔話をする老人、アンサンブルは、その話を聞く子どもたち、コーラスは家人や村人たちで、仕事をしながら、その昔話をなつかしんでいるといった様子。 2、アンサンブル・コーラスは大きな声を出さないように、控え目な声でリズムを刻み、ソロをきわだたせる。 3、（大笑い）のところは、一同、つくり笑いでなく、心の底から本気で大笑いする。大笑いしたら、ぴたっとやめ、すました顔して、次の「……であったとさ」につなげる。 4、最後の笑い声は「う、ふ、ふ」というように、かすかに遠く、小さく可愛く笑って、だんだんと、時空のかなたに消えていく。	Ⅳ章　二二四頁参照

A	B	C
あったとさ　あったとさ		
むかしむかしであったとさ	あったとさ　あったとさ	
だれでも子どもであったとさ	あったとさ　あったとさ	
お山も子どもであったとさ	あったとさ　あったとさ	
		あったとあったとあったとさ
あったとさ　あったとさ		
子どもの百姓があったとさ	あったとさ　あったとさ	あったとあったとあったとさ
子どものお山をふごに入れ	あったとさ　あったとさ	あったとあったとあったとさ
やっこらかついで		
うんとこしょ	うんとこしょ	うんとこしょ
うんとこしょ、どっこいしょ		
	うんとこしょ、どっこいしょ	
一番、かついで、そりゃ重い	うんとこしょ、どっこいしょ	うんとこうんとこうんとこしょ
もうひとつ歩いて、こりゃ重い	うんとこしょ、どっこいしょ	うんとこうんとこうんとこしょ
おなわが切れ切れ日は永い	うんとこしょ、どっこいしょ	うんとこうんとこうんとこしょ
ぺったらこ、ぺったらこ		

	ぺったらこ、ぺったらこ	ぺったらぺったらぺったらこ
ぺったら尻もちついたとさ	ぺったらこ　ぺったらこ	ぺったらぺったらぺったらこ
みんなが手をうちおかしがる		
あははのあはは		
	あははのあはは	
		あははのあはは
あ、は、は、は…（大笑い）	あ、は、は、は…（大笑い）	あ、は、は、は…（大笑い）
（すまして）……であったとさ		
	あったとさ　あったとさ	
		あったとあったとあったとさ
むかしむかしであったとさ	あったとさ　あったとさ	あったとあったとあったとさ
みんなが子どもであったとさ	あったとさ　あったとさ	あったとあったとあったとさ
笑ってばかり　おったとさ	おったとさ　おったとさ	おったとおったとおったとさ
笑ってばかり		
（ゆっくりと）おったとさ	おったとさ	おったとさ
うふふふ	うふふふ	うふふふ
（遠くに小さな可愛いらしい笑い声、消えていく。夜も更けた………）		

和尚さんと小僧さん

——北原白秋

〈読み手〉

タイトルを読む人（他と兼任）
ナレーター
先の小僧「ぶうぶう」
中の小僧「くたくた」
後の小僧「うまいうまい」
コーラス係　数人
効果、B・G係　数人

〈演出ノート〉

1、リズムをくずさず、軽快に読む。
2、少し動作をつけるとよいだろう。
3、擬音はなるべく口頭で表現する。

〈記号〉

1、═══〈バック読み〉
2、＋〈漸増〉

〈原作〉

Ⅳ章
二二四頁参照

配置図

A例

ナレーター
和尚
先の小僧
中の小僧
後の小僧
効果、B・G
効果、B・G
効果、B・G
効果、B・G
効果、B・G
ス　ラ　ー　コ

B例

コーラス
コーラス
コーラス
コーラス
コーラス
ナレーター
和尚
先の小僧
中の小僧
後の小僧
効果、B・G
効果B・G
効果、B・G

タイトル読み　北原白秋作「和尚さんと小僧さん」

効果　寺の鐘の音　ゴーン、ゴーン、ゴーン、ゴーン、ゴーン、ゴーン
ふくろうの声　ホー、ホー、ホー、ホー、ホー、ホー、ホー
木魚を打つ音　ポク、ポク、ポク、ポク、ポク、ポク、ポク、ポク、ポク、
ポク、ポク、ポク、ポク、ポク、ポク、（しだいに小さく消える）

ナレーター　ここは山寺、和尚さま。
餅は食べたし、欲ァふかい、
コーラス　欲ァふかい、
ナレーター　焼いて煮ましょか、こっそりと。
コーラス　こっそりと。
三人の小僧　そこで小僧たち考えた。（腕組みして考える様子。いい考えが浮かんだ…）
三人の小僧　（一歩前へ出て）「えへん、よござろ、和尚さま、
名前かえましょ、わたしたち」
和尚　「ふふん、よしよし、何だ、名は」
先の小僧　（自分を指さしながら）「ぶうぶう」

和尚　　　　「ぶうぶう?!」
中の小僧　　（自分を指さしながら）「くたくた」
和尚　　　　「くたくた?!」
後の小僧　　（自分を指さしながら）「うまいうまい」
和尚　　　　「うまいうまい?!」
三人の小僧　「ぶうぶう、くたくた、うまいうまい」

効果　ふくろうの声

ナレーター　夜はふけます、和尚さま、
　　　　　　餅は食べたし、欲ァふかい。
コーラス　　欲ァふかい、
和尚　　　　焼いて煮ましょか、こっそりと、
　　　　　　よいな、ひとりでこっそりと。
コーラス　　こっそりと。
　　　　　　〈間〉
ナレーター　餅を焼きます、

和尚　ほう、あつい。
ナレーター　息をぶうぶう吹きかける。
効果　ブーブー、ブーブー、ブーブー、ブーブー
先の小僧　「はあい、和尚さま、何御用」（と言いながら半歩前に出る）
ナレーター　それっと小僧さんかけつける。
〈間〉
ナレーター　鍋に入れます、焼いた餅、
餅はくたくたたぎりだす。
効果　クタクタクタクタ、クタクタクタクタ、
中の小僧　「どうれ、和尚さま、何御用」（と言いながら半歩前に出る）
ナレーター　中の小僧さんお手をつく。
〈間〉
ナレーター　餅は煮えたて、湯気はたつ。
うまいうまいと声立てる。
和尚　「うまいうまい、うまいうまい」
後の小僧　「へえい、和尚さま、何御用」（と言いながら半歩前に出る）
ナレーター　あとの小僧さん、目でじろり。

〈間〉

ナレーター　しかたなく、和尚さま、
　　　　　　焼いたはしから、

和尚　「そら、お食べ」	＊コーラス　そら、お食べ
＋効果　そら、お食べ、	そら、お食べ
ナレーター　煮たったはしから、	そら、そら、お食べ
和尚　「そら、お食べ」	そら、お食べ
＋効果　そら、お食べ、	そら、お食べ

〈間〉

和尚　みんな食べられ、
＋コーラス　みんな食べられ……アーア（とオーバーに溜め息して）こまり餅、
　　　　　　こ、ま、り、も、ち。
三人の小僧　ごちそうさま！（お辞儀する）
和尚　（食われる）
効果　（寺の鐘の音）　ゴーン、ゴーン、
　　　（ふくろうの声）　ホー、ホー、ホー、ホー（静かに消える）

信濃の一茶

——西條八十

〈読み手〉	〈演出ノート〉
ソロ　司会者 　一茶　俳句を読む。 アンサンブル　①〜⑦までの7つのグループ。 ①〜⑥までは群読係。各グループはグループのなかをＡＢＣＤの4つにわけておく。「②Ａ」とは②グループのＡのこと。 ⑦は俳句係。四人以上。	1、この作品は、子どもたちに親しまれている一茶を題材にした、俳句入りのユニークな童謡である。ここでは学習発表会用に、学級全員が参加して表現できるように構成してある。 2、俳句の読み方はシナリオのなかに説明してある。なお、子どもたちの知っている、別の俳句を用いてもよいだろう。 3、一茶役だけは頭巾をかぶったり、ちゃんちゃんこを着たりして、それらしく見せる。 4、詩の中に「邪険な継母」とあるが、このごろ「継母」をもつ子どももふえているので、（　）に示したように言いかえたほうがいいだろう。

〈記号〉

＋
〈漸増〉

〈演出ノート〉

5、音楽を流しながら読みすすめると、いっそう表現が深まる。また、影絵を用いても面白いだろう。

舞台配置図

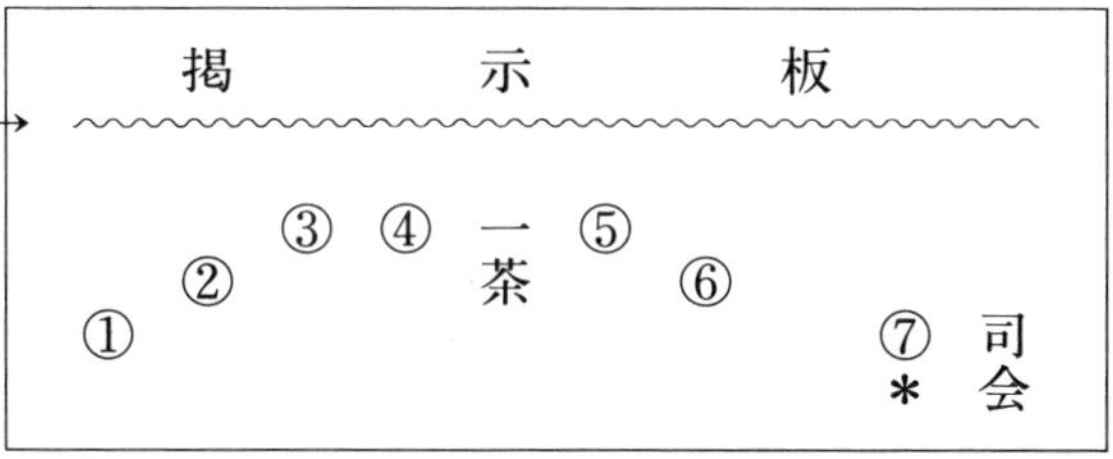

＊俳句係が俳句を掲げる場所。
俳句は書き初め用紙に左記のように大きく書く。

雀の子そこのけそこのけお馬が通る

グループが発表するとき
下記のようにひろがる。

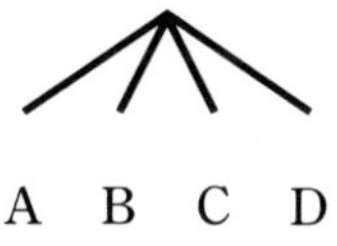

発表が終ったら
発表前の隊形に
戻る。

B D
A C

この掲示板に俳句係が掲げた書を左から順番に貼っていく。
最後に、はずすして、掲げるので、軽くとめておく。

司会者　これから「一茶」のお話をします。途中、一茶のつくった俳句が出てきます。俳句は紙に書いて掲げます。そのとき、この棒で指しますので、みんなでいっしょに大きな声で読んでください。では、練習します。

俳句係が、書き初め用紙に『雀の子そこのけそこのけお馬が通る』と書いた紙を掲げる。

司会者は棒で指す。みんないっしょに読む。

司会者　とてもじょうずに読めました。では、はじめます。

信濃の一茶　西條八十作

①A　雪に埋《う》もれた村々を

＋①B　月の光が冷たく照らす

＋①C　北の信濃の柏原《かしわばら》、

＋①D　そこで生まれた一茶坊《ぼう》。

①A　小さいときから俳句がじょうず、

①B　ある日、おもてを殿様が

①C　馬で通るを見たときに

①Ｄ　　かわいい口で詠《よ》みました。
一茶　　『雀の子そこのけそこのけお馬が通る』
①全　　『雀の子そこのけそこのけお馬が通る』

俳句係は一茶が読むと同時に『雀の子そこのけそこのけお馬が通る』と書いた紙を掲げる。
司会者、指示棒で指す。

会場の全員　『雀の子そこのけそこのけお馬が通る』

読み終わったら、俳句係はその紙を後ろの掲示板に順に貼っていく。以下、同じ。

②Ａ　　三歳の夏に母さんが
　　　　死んでさびしい山の家、
②Ｂ　　村の子どもが親たちと
　　　　鎮守《ちんじゅ》の祭りへ行くときも、
②Ｃ　　一茶はひとり庭さきで、
　　　　亡《な》き母《かあ》さんを想いだし、

②D　こんな俳句を詠みました。
一茶　『我《われ》と来て遊べや親のない雀』
②全　『我と来て遊べや親のない雀』

③A　十四の春に故郷《ふるさと》を
　　出《い》でて江戸へと一人旅、
③B　なれぬ都で武家奉公《ぶけぼうこう》、
③C　厩《うまや》の掃除をしながらも
③D　やっぱり俳句を詠みました。
一茶　『新しき蚊帳《かや》に寝るなり江戸の馬』
③全　『新しき蚊帳に寝るなり江戸の馬』
③A　努《つと》めてやまぬ勉強で
③＋B　一茶はだんだん豪《えら》くなり、
＋③C　やがて俳句の先生で
＋③D　名高い人になりました。

④A　編笠《あみがさ》ひとつ、杖《つえ》一本、

　　　　遠く諸国へ旅をして
＋④B　峠の花や、月の宿、
＋④C　たくさん俳句を詠みました。
④D　東海道の日記には
一茶　『傘さして箱根越すなり春の雨』
④全　『傘さして箱根越すなり春の雨』
一茶　『大井川見えてそれから雲雀《ひばり》かな』
④全　『大井川見えてそれから雲雀かな』
④D　奈良の都に泊まっては、
一茶　『大仏の鼻から出たる乙鳥《つばめ》かな』
④全　『大仏の鼻から出たる乙鳥かな』

⑤A　一茶が信濃の故郷へ
　　　　帰ったときは三十九、
⑤B　我が子の出世をよろこんで
　　　　迎えてくれた父親は
　　　　まもなく病気で死にました。

⑤C　幼い時から父親と
眺めた田圃《たんぼ》の中に立ち、

⑤D　一茶は悲しく詠みました。

一茶　『父ありてあけぼの見たし青田原《あおたはら》』

⑤全　『父ありてあけぼの見たし青田原』

⑥A　一茶は邪険《じゃけん》な継母《ままはは》に、（一茶は二度目の母親に）
小さい時からいじめられ、（小さい時から叱られて）

⑥B　拗《す》ねず、曲がらず、虫にまで
やさしい情《こころ》を持ちました。

⑥C　弱い蛙に加勢《かせい》して、

一茶　『痩《や》せ蛙負けるな一茶これにあり』

⑥全　『痩《や》せ蛙負けるな一茶これにあり』

⑥D　昼寝の時にも気をつけて、

一茶　『寝返《ねがえ》りをするぞそこのけきりぎりす』

⑥全　『寝返りをするぞそこのけきりぎりす』

①全　まごころの人、愛の人
②全　飾らぬ一茶は誰にでも
③全　好かれ、慕われ、敬《うやま》われ、
④全　六十五歳で死にました。

司会者　みなさん、訪ねてごらんなさい、
⑤全　信越線の柏原《かしわばら》、
⑥全　青葉若葉の丘のうえ、
⑦俳句係　今でも残る墓ひとつ、
＋司会者　信濃の宝、俳諧寺、
一茶　『これがまあ終《つい》の住家《すみか》か雪五尺』
①〜⑥全　（静かに）『これがまあ終の住家か雪五尺』

各グループごとに、自分たちが読んで俳句を後ろの掲示板からはずして持ってきて、ステージ前方に一列に並び、俳句を掲げる。

司会者　以上で、わたしたちの発表を終わります。

むかしむかしのおかしなはなし——郡山半次郎

〈読み手〉

ソロ　ナレーター　六人　1、2、3、4、5、6
　カラス
　ウシ
　ヤギ

〈演出ノート〉

1、楽しい群読である。難しい技法はないので、とぎれずにテンポよく軽快に読みすすめる。
2、「カー、モー、メー」は、かけ言葉の場合、主として鳴き声をとり、写実的にオーバーに表現する。群読は「ことば遊び」の一種ととらえて楽しむのである。
3、九人で読むようになっているが、ナレーター2とカラス、3とウシ、4とヤギを兼任すれば六人で読むことができる。

〈記号〉

1、┌〈追いかけ〉　2、＋〈漸増〉　3、┼〈異文平行読み〉

〈原作〉

Ⅳ章　二二五頁参照

1　むかしむかし　どんどん　むかし
2　おかしなお山がありました
　　おやまあ、お山のてっぺんに
3　かきの木
4　くりの木
5　しいの木
6　ひのき
2　おどろき
＋3　ももの木
＋4　山しょの木
2　一番高いすぎの木に
　　一羽のカラスがすんでいた

1　カラスはなんとなく
　　カーとなく
2　むかしも　カーカー　今も　カー
　　カラス　カーカー　声からす

2　たいくつカラスはたいくつで
大きな声をはりあげた
カラス　「だれカー　海に行かないカー」
2　一声ないては　山をこえ
5　二声ないては　谷をこえ
6　なんでもかんでも　とびこえて
2　とうとう春の野はらについた
1　なの花
＋3　タンポポ
＋4　すみれ草
5　そうそう　それから　れんげ草
6　花さく草にねそべって
3　のんびりしている　ウシがいる

1　ウシはなんとなく

3　モーとなく
　　モーおひるかと　モーとなき
　　モーモーモーで　モーねむくなる
カラス　「だれカー　海に行かないカー」
3　ウシはあわてて　たちあがり
ウシ　「わたしモー　いっしょに
　　いきますとモー」
1　すると　その時　みょうな声………
2 3　カラスとウシが　ふりむけば
4　いつのまにやら　ヤギがいる
1　ヤギはなんとなく
4　メーとなく
　　じいさんヤギも　メーだった
　　ヤギは　めいめい　メーとなく

ヤギ　「ダメーダメー　おいてっちゃダメー」

23　カラスにつづいて　ウシが行く

34　ウシにつづいて　ヤギが行く

カラス　「つかれたカーカー　やすもうカー」

ウシ　「モーモーすぐだ　モーすぐだー」

ヤギ　「ダメーダメー　おいてっちゃダメー」

12　やっとこ　すっとこ　とっとこと

34　やっとこ　すっとこ　とっとこと

56　やっとこ　すっとこ　とっとこと

12　やっとこ　すっとこ　とっとこと

34　うんとこ　どんどん　ほいこらしょ

56　うんとこ　どんどん　ほいこらしょ

12　うんとこ　どんどん　ほいこらしょ

34　うんとこ　どんどん　ほいこらしょ

1　どんどん行くと　どうでしょう

目の前で――

5　野はらがとつぜんなくなって

6　まぶしい光が　ふりそそぐ

カラス　おい

ウシ　みろ

ヤギ　おや

カラス　まあ

ウシ　あら

ヤギ　こらら……

カラス　これが……あれだ　あれが……それだ　どれが……なんだ

ウシ　あれが……それだ　どれが……なんだ　これが……あれだ

ヤギ　どれが……なんだ　これが……あれだ　あれが……それだ

カラス　海がこれだ

＋ウシ　あれがなみだ

＋ヤギ　どれがくもだ

234　カラス、ウシ、ヤギ、海をみて
2　なみみて
＋3　すなみて
＋4　なめてみて
2〜6　そうだ　たしかに　夏の海！

2　カラスは
カラス　カー
3　ウシは
ウシ　モー
4　ヤギは
ヤギ　メー
カラス　カー
ウシ　モー
ヤギ　メー
2・カラス　カー
3・ウシ　モー

4・ヤギ　　メー

1　　空の下は　ぜんぶ海
5　　海の上は　ほら　ぜんぶ空
6　　空と海との　あいだから
1　　まっ白な鳥が　とんでくる
＋5　まっ白な鳥が　とんでくる
＋6　まっ白な鳥が　とんでくる

234　カラスとウシとヤギはよぶ
カラス　カー
ウシ　　モー
ヤギ　　メー
カラス　カー
ウシ　　モー
ヤギ　　メー

1　そして　こうして　その日から

5　白いつばさの　海鳥を

6　カモメとよぶよに　なったとさ

1　むかしむかしの　おかしなはなし

+5+6　「お」の「わ」の「り」

全員　カー、モー、メー

パナンペのはなし——谷川俊太郎

〈読み手〉	〈演出ノート〉	〈原作〉
ソロ　ナレーター　1　叙述を表現する。 　　　ナレーター　2　殿様を表現する。 　　　ナレーター　3　パナンペを表現する。 コーラス　若干名 音を出す係　コーラスなかの一人が分担する。	1、この群読の成功はコーラスにかかっている。 ①「なんたるこったすったたった」は、ゆっくりと、息せききって、あきれて、びっくりして、なつかしむようになど、詩の内容に合わせて表現する。この工夫が成否のカギを握っている。 ②「カニツンツン　ピイツンツン　カニチャララ　ピイチャララ」は軽く透明感のある音色で表現する。逆に、濁点づきはにごって発音する。 2、並び方は、ナレーターをまんなかに、その左右にコーラスを配置する。	Ⅳ章　二二七頁参照

	ソロ	コーラス
		なんたるこった
		なんたるこった
ナレーター全	むかしのことだよとってもむかし	
ナレーター2	アイヌの村にいたってさシャモの殿様	
	せたけはわずか六十五センチ	
	それでも声は大砲のよう	
		なんたるこったすったたった
		なんたるこったすったたった
ナレーター2	弱い小鳥はやきとりにしろ	
	強い熊には酒をのませろ	
	ふんぞりかえってそっくりかえって	
	毎日御殿でひなたぼっこさ	
		なんたるこったすったたった
		なんたるこったすったたった
ナレーター全	むかしのことだよとってもむかし	
ナレーター3	アイヌの村にいたってさひとりの男	

	その名はパナンペいつもにこにこ	
	ふとん一枚もってはいない	
		なんたるこったすったたった
		なんたるこったすったたった
ナレーター1	あっちでにこにこおひさまのぼる	
	そっちでにこにこおひさまかんかん	
	こっちでにこにこおひさましずむ	
ナレーター3	朝から晩までなんにもしない	
		なんたるこったすったたった
		なんたるこったすったたった
ナレーター3	ある日ある時パナンペが	
	森でうっとりしていると	
	不思議な鳴き声きこえてきたよ	
		カニツンツン　ピイツンツン
		カニチャララ　ピイチャララ
ナレーター3	それはちっちゃなかわいい小鳥	
		カニツンツン　ピイツンツン

		カニチャララ　ピイチャララ
ナレーター3	パナンペにこにこ小鳥をおがむと	
	小鳥はついっと口にとびこみ	
	そのままお腹に入ってしまってた	
		なんたるこったすったたった
		なんたるこったすったたった
ナレーター3	パナンペびっくり思わずいきむと	
	ブーでもなくプーでもなくて	
	もれたおならの音はといえば	
		ガニヅンヅン　ビイヅンヅン
		ガニヂャララ　ビイヂャララ
		ガニヅンヅン　ビイヅンヅン
		ガニヂャララ　ビイヂャララ
ナレーター1	うわさはひろがる風より早く	
ナレーター2	殿様たいくつパナンペ呼びつけ	
	さあささあ自慢のおならを聞かせろ	
	おならが出なけりゃ豆食えいも食え	

	それでも出なけりゃ腹たちわるぞ	
		なんたるこったすったった
		なんたるこったすったった
ナレーター3	パナンぺすっかりふるえあがって	
	三日と三晩食べるわ食べるわ	
		食べるわ食べるわ
		食べるわ食べるわ
	いものしっぽも残っちゃいない	
	覚悟をきめて四日目の朝	
	殿様の前でううんといきめば	
音を出す係	（ものすごい爆発音）	
		ガニヅンヅン　ビイヅンヅン
		ガニヂャララ　ビイヂャララ
ナレーター1	御殿はこがね色の大洪水	
		な、なんたるこったすったった
ナレーター1	さかまく渦巻くあふれる怒とう	
		な、なんたるこったなんたるこった

ナレーター1	息もできないそのにおい	なんたるこった
		なんたるこったなんたるこった
ナレーター2	殿様とうとう溺れ死に	なんたるこった
ナレーター全	溺れ死に	なんたるこった
		なな、なんたるこったすったたった
		なんたるこったすったたった
		なんたるこった……(小さく消える)
ナレーター全	昔のことだよとっても昔	
ナレーター3	アイヌの村にいたってさ一人の男	
	その名はパナンペいつもにこにこ	カニツンツン　ピイツンツン
	おならをさせたら村いちばん	カニチャララ　ピイチャララ
		カニツンツン　ピイツンツン
		カニチャララ　ピイチャララ
ナレーター3	おかげできれいな嫁さんもらった	
ナレーター全	なんたるこったすったたった	
	なんたるこったすっとんとん	なんたるこったすっとんとん

教室はまちがうところだ

――蒔田晋治

〈記号〉	〈演出ノート〉	〈読み手〉
＋〈漸増〉	1、この詩はよく四月の授業びらきや学期はじめに取り上げられる。また、教室に掲示しておき、ことあるごとに読みあい、自由な発言を保障しあう全員参加の授業を確認したい。 2、この脚本は学級全員で群読するようなっている。ただし、いつも同じ子どもが同じ文を読まないよう、そのつど、ソロを交替したり、「今日は二の側は③グループ」というように、分担を替えて読むようにする。 3、別にむずかしい読み方はない。たんたんと、心に響かせながら読んでいく。	ソロ　1、2、3、4 グループ　学級を男女混合の①②③④の4つのグループにわける。 一の側は①というように、列でわりふってもよいだろう。 女子　①②③④の女子全員。 男子　①②③④の男子全員。

全員　教室はまちがうところだ
①　みんなどしどし手を上げて
女子　まちがった意見を　言おうじゃないか
男子　まちがった答えを　言おうじゃないか

①　まちがうことをおそれちゃいけない
②　まちがったものをワラっちゃいけない
③　まちがった意見を
④　まちがった答えを
①　ああじゃないか
②　こうじゃないかと
③　みんなで出し合い
④　言い合うなかでだ
女子　ほんとのものを見つけていくのだ
男子　そうしてみんなでのびていくのだ
①　いつも正しくまちがいのない
答えをしなくちゃならんと思って

②　そういうとこだと思っているから
③　手も上げないで小さくなって
④　黙りこくって時間がすぎる

1　しかたがないから先生だけが
勝手にしゃべって生徒はうわのそら
全員　それじゃちっとも伸びてはいけない

①　神様でさえまちがう世のなか
+②　ましてこれから
+③　人間になろうとしている僕らがまちがったって
+④　なにがおかしい
全員　あたりまえじゃないか

2　うつむきうつむき
そうっと上げた手　はじめて上げた手
1　先生がさした

2　どきりと胸が大きく鳴って
どきっどきっと体が燃えて
立ったとたんに忘れてしまった
なんだかぼそぼそしゃべったけれども
なにを言ったか　ちんぷんかんぷん
私はことりと座ってしまった

2　体がすっと涼しくなって
3　ああ言やよかった
4　こう言やよかった
234　あとでいいこと浮かんでくるのに

①　それでいいのだ　いくどもいくども
②　おんなじことをくりかえすうちに
③　それからだんだんどきりがやんで
④　いいたいことが言えてくるのだ

3　はじめから　うまいこと言えるはずないんだ
4　はじめから　答えが当たるはずないんだ

①　なんどもなんども言っているうちに
②　まちがううちに
③　いいたいことの半分くらいは
④　どうやらこうやら言えてくるのだ
全員　そうして　たまには答えも当たる

全員　まちがいだらけの僕らの教室
①　おそれちゃいけない
＋②　ワラっちゃいけない
＋③　安心して手を上げろ
＋④　安心してまちがえや

①　まちがったって
②　ワラったり

③　ばかにしたり
④　おこったり
全員　そんなものはおりゃせん

2　まちがったって　だれかがよ
＋3　なおしてくれるし
＋4　教えてくれる
1※　困ったときには先生が　（※ここは先生が読んでもいい。）
ない知恵しぼって教えるで
1〜4　そんな教室作ろうや

①　「おまえ、へんだ」と言われたって
②　「あんた、ちがう」と言われたって
234　そう思うのだからしょうがない
③　だれかがかりにもワラったら
234　まちがうことがなぜわるい
④　まちがってることがわかればよ

①　人が言おうが
＋②　言うまいが
3　おらあ　自分であらためる
4　わからなけりゃ　そのかわり
女子　だれが言おうと　こずこうと
男子　おらあ　根性まげねえだ
全員　そんな教室作ろうやあ

人間の勝利

――山村暮鳥

〈演出ノート〉	〈読み手〉
1、全体に、力強い声で重々しく読む。緩急をつけ、ときに、間をおかずたたみかけるように読むなどの工夫をこらしたい。 2、終わりのほうの「これでもか／これでもかと／重いくるしみ」のくりかえしは、小さくくりかえす。くりかえしはエコー効果だからである。 3、この脚本は、勤務校の「三年生を励ます会」で三年生の生徒が発表した分読による。 4、ピアノの伴奏がつくといっそう効果的である。 5、なお原詩には※のくりかえしはない。	1（男）　高いはりのある声　テノール 2（男）　低く重い声　バス、または　バリトン 3（女）　高くはりのある声　ソプラノ 4（女）　低く重い声　アルト

1　人間はみなくるしんでいる
2 4　何がそんなに君たちをくるしめるのか
1　しっかりしろ
3　人間の強さにあれ
2 4　人間の強さに生きろ
3　くるしいか
2　くるしめ
全員　それがわれわれを立派にする
1　みろ、山頂の松の古木を
3　そのこずえが烈風《れっぷう》を切っているところを
2　その音の痛々しさ
4　その音が人間を力づける
1　人間の肉に喰いいるその音のいみじさ
3　何が、君たちをくるしめるのか
2　自分もこうしてくるしんでいるのだ
4　くるしみを喜べ
1　人間の強さに立て

3　恥辱《はじ》を知れ
1　そして、倒れる時がきたならば
　　ほほえんで倒れろ
3　人間の強さをみせて倒れろ
1　一切をありのままに
1 4　じっと凝視《みつ》めて
全員　大木のように倒れろ
3 4　これでもか
　　これでもかと
　　重いくるしみ
1 2※　これでもか
　　これでもかと
　　重いくるしみ
全員　重いのが何であるか
1 3　息絶《た》えるとも否《いな》と言え
2 4　頑固《がんこ》であれ
全員　それでこそ人間だ

正午　丸ビル風景

——中原中也

〈読み手〉

ソロ　1、2、3、4、5
人数の多い場合は、1、2、3、4、5を複数で分担するとよいだろう。

〈演出ノート〉

1、作者は正午の丸ビル風景を哀れで滑稽だとみているので、投げやりで嘲笑的に読む。
2、途中の下段の345の「出てくる出てくる出てくるわ」のバックコーラスは上段の言葉のじゃまにならないよう、リズムを刻むようにして読んでいく。
3、「全員」とあるところは全員が声を揃えて読み、「§全員」は全員が声を揃えずにバラバラに読む。

〈記号〉

1、┌┐〈追いかけ〉
2、＋〈漸増〉
3、══〈バック読み〉
4、§〈乱れ読み〉

〈原作〉

Ⅳ章　二二九頁参照

1 ああ十二時のサイレンだ

＋2 サイレンだ

＋3 サイレンだ

＋4 サイレンだ

1 ぞろぞろぞろ出てくるわ、出てくるわ出てくるわ

2 ぞろぞろぞろ出てくるわ、出てくるわ

3 ぞろぞろぞろ出てくるわ、出てくるわ

4 ぞろぞろぞろ出てくるわ、出てくるわ

5 ぞろぞろぞろ出てくるわ、出てくるわ

§全員 ぞろぞろぞろ出てくる、出てくる、出てくるわ、出てくるわ、出てくるわ

1 月給取りの午休み、ぶらりぶらりと手を振って

2〜5 ぶらりぶらりと手を振って

1 あとからあとから出てくるわ、出てくるわ出てくるわ

2 あとからあとから出てくるわ、出てくるわ出てくるわ

3 あとからあとから出てくるわ、出てくるわ出てくるわ

4 あとからあとから出てくるわ、出てくるわ出てくるわ

5 あとからあとから出てくるわ、出てくるわる出てくるわ

1　大きなビルの真ッ黒い、

2　小ッちゃな小ッちゃな出入口

1　出てくる出てくる出てくるわ

2　小ッちゃやな小ッちゃやな出入口

1　空はひろびろ薄曇り

2　薄曇り

＋1　埃りも少々立っている

§全員　ぶらりぶらりと手を振って　出てくるわ、出てくるわ、出てくるわ………

1　ひょんな眼付で見上げても

眼を落としても……。

なんのおのれが桜かな

2〜5　桜かな　桜かな　桜かな

全員　ああ十二時のサイレンだ、サイレンだサイレンだ

1　ぞろぞろぞろぞろ出てくるわ、出てくるわ出てくるわ

2　ぞろぞろぞろぞろ出てくるわ、出てくるわ出てくるわ

3　ぞろぞろぞろぞろ出てくるわ、出てくるわ出てくるわ

4　ぞろぞろぞろぞろ出てくるわ、出てくるわ出てくるわ

345　出てくる出てくる出てくるわ

出てくる出てくる出てくるわ

出てくる出てくる出てくるわ

出てくる出てくる出てくるわ

出てくる出てくる出てくるわ

出てくる出てくる出てくるわ

出てくる出てくる出てくるわ

§全員　ぞろぞろぞろぞろ出てくるわ、出てくるわ　出てくるわ　出てくるわ　出てくわ

1　大きいビルの真ッ黒い、小ッちやな小ッちやな出入口

全員　（小さく）小ッちやな小ッちやな出入口

1　空吹く風にサイレンは

全員　空吹く風にサイレンは
響き響きて消えてゆくかな

§全員　消えてゆくかな　消えてゆくかな………（くりかえしながら静かに消える）

永訣の朝

——宮沢賢治

〈読み手〉	〈演出ノート〉	〈記号〉
ソロ1　男　わたしを表現する。 2　女　妹を表現する。 3　女　妹の心象のエコー。	1、この作品は、もともと一人称の詩なので、群読教材とするにはむずかしいのだが、高校国語の教材として広く定着し、群読作品として活用されることが多い。 この脚本は3人で読むようになっているが、3の人数を男女混合として、ふやしてもよい。 2、3は心象の声。小さい声。ただし、激しく強い声。または、陰のあるかすれたような、しかし、激しく熱にうかされた声。または、強く激しい声。 3、「あめゆぢゆとてちてけんじや」は「あめ雪を、とってきてください」の方言。「あめゆぢゆ、とてちてけんじや」と読むと読みやすい。	↓〈移動〉

1 けふのうちに
とほくにいってしまふわたくしのいもうとよ
みぞれがふっておもてはへんにあかるいのだ
2 あめゆぢゆとてちてけんじや
1 うすあかるくいつそう陰惨な雲から
みぞれはびちよびちよふつてくる
2 あめゆぢゆとてちてけんじや
1 青い蓴菜《じゅんさい》のもやうのついた
これらふたつのかけた陶椀《とうわん》に
おまへがたべるあめゆきをとらうとして
わたくしはまがつたてつぽうだまのやうに
このくらいみぞれのなかに飛び出した
2 あめゆぢゆとてちてけんじや
1 蒼鉛《そうえん》いろの暗い雲から
みぞれはびちよびちよ沈んでくる
ああとし子

---

3 あめゆぢゆとてちてけんじや
あめゆぢゆとてちてけんじや
あめゆぢゆとてちてけんじや
あめゆぢゆとてちてけんじや
あめゆぢゆとてちてけんじや
あめゆぢゆとてちてけんじや

死ぬといふいまごろになつて
わたくしをいつしやうあかるくするために
こんなさつぱりした雪のひとわんを
おまへはわたくしにたのんだのだ
1　ありがたうわたくしのいもうとよ
わたくしもまつすぐにすすんでいくから
2　あめゆぢゆとてちてけんじや
1　はげしいはげしい熱やあえぎのあひだから
おまへはわたくしにたのんだのだ
1 2　銀河や太陽　気圏などとよばれたせかいの
1↓2　そらからおちた雪のさいごのひとわんを……
2　……ふたきれのみかげせきざいに
みぞれはさびしくたまつてゐる
わたくしはそのうへにあぶなくたち
雪と水のまつしろな二相系をたもち
1 2　すきとほるつめたい雫にみちた
2↓1　このつややかな松のえだから

あめゆぢゆとてちてけんじや
あめゆぢゆとてちてけんじや
あめゆぢゆとてちてけんじや
あめゆぢゆとてちてけんじや
あめゆぢゆとてちてけんじや

1 わたくしのやさしいいもうとの
1→2 さいごのたべものをもらつていこう
2 わたしたちがいつしよにそだつてきたあひだ
2→1 みなれたちやわんのこの藍のもやうにも
1 もうけふおまえはわかれてしまふ
2 Ora Orade
Shitori egumo
1 ほんとうにけふおまへはわかれてしまふ
あああのとざされた病室の
くらいびやうぶやかやのなかに
やさしくあおじろく燃えてゐる

1 わたくしのけなげないもうとよ
この雪はどこをえらぼうにも
あんまりどこもまつしろなのだ
あんなおそろしいみだれたそらから
このうつくしい雪がきたのだ

おら、おらで　しとり　えぐも
おら　しとり　えぐも
しとり　えぐも
しとり　えぐも
おら、おらで　しとり　えぐも

2　うまれでくるたて
こんどはこたわりやのごとばかりで
くるしまなえようにうまれてくる

1　おまえがたべるふたわんのゆきに
わたくしはいまこころからいのる

1　どうかこれが兜率《とそつ》の天《てん》の食に変つて
やがておまへとみんなとに
聖い資糧をもたらすことを

1　わたくしのすべてのさいはひをかけてねがふ

うまれでくるたて
こんどはこたわりやのごとばかりで
くるしまなえようにうまれてくる
うまれてくる
くるしまなえよう
くるしまなえよう
くるしまなえようにうまれてくる

おら、おらで　しとり　えぐも
しとり　しとり　えぐも……。

2　古典作品より

方丈記——鴨長明

〈読み手〉	〈演出ノート〉	〈記号〉
ソロ　1、2、3、4、5の五人	1、低く暗く読む。暗い感じが出れば成功である。 2、最後の異文平行読みでは、2～5はくりかえしながら消えるが、1だけは消えずに残り、次の「＊水の泡にぞ似たりける」につなげていく。 3、暗い音楽をバックに読むといっそう雰囲気が深まるだろう。	1、＋〈漸増〉 2、｜〈漸減〉 3、┌┐〈追いかけ〉 4、§〈乱れ読み〉 5、┌┬┐〈異文平行読み〉

1　ゆく河の流れは絶えずして、しかももとの水にあらず。
2　ゆく河の流れは絶えずして、しかももとの水にあらず……………あらず。
3　ゆく河の流れは絶えずして、しかももとの水にあらず…………あらず。
4　ゆく河の流れは絶えずして、しかももとの水にあらず。あらず。
5　ゆく河の流れは絶えずして、しかももとの水にあらず。
1　よどみに浮かぶうたかたは、
2　かつ消え、
3　かつ結びて、
23　久しくとどまりたるためしなし。
全員　世の中にある人とすみかと、また、かくのごとし。
2　たましきの都のうちに、
3　棟を並べ、
4　甍《いらか》を争える、
34　高き卑しき人のすまいは、
＋5　世々を経て尽きせぬものなれど、
1　これをまことかと尋ぬれば、
23　昔ありし家はまれなり。

＋4　あるいは去年焼けて今年作れり。

＋5　あるいは大家滅びて小家となる。

23　住む人も同じ。所もかわらず、人も多かれど、

＋4　古見し人は二、三十人が中に、わずかに一人二人なり。

1　朝に死に、夕べに生まるるならい、ただ水の泡にぞ似たりける。

全員　ただ水の泡にぞ似たりける。

2～5　知らず。

－2　生まれ死ぬる人、

－3　いづかたより来たりて、

－4　いづかたへか去る。

2～5　また、知らず。

－2　仮の宿り、

－3　誰が為にか心を悩まし、

－4　何によりてか目を喜ばしむる。

1　その主《あるじ》とすみかと、無常を争うさま、いわば朝顔の露に異ならず。

2　「あるいは、露落ちて花残れり。

3　　　　　露落ちて花残れり。残るといえども、朝日に枯れぬ。

4　┌あるいは、花しぼみて露なお消えず。
5　└　花しぼみて露なお消えず。消えずといえども、夕を待つことなし。
全員　久しくとどまりたるためしなし。
1　世の中にある人とすみかと、また、かくのごとし。
2　┌ゆく河の流れは絶えずして、しかももとの水にあらず。（くりかえしながら消える）
3　├朝に死に、夕べに生まるるならい、ただ水の泡にぞ似たりける。（右に同じ）
4　├生まれ死ぬる人、いづかたより来たりて、いづかたへか去る。（右に同じ）
5　├主とすみかと、無常を争うさま、いわば朝露の露に異ならず。（右に同じ）
1　└朝に死に夕べに生まるるならい、ただ水の泡にぞ似たりける。（くりかえすが＊）
1　＊水の泡にぞ似たりける。
＋2 3　水の泡にぞ似たりける。
§全員　水の泡にぞ似たりける。水の泡にぞ似たりける。水の泡にぞ似たりける。（消える）

平家物語　巻の十一より「那須の与一」

〈読み手〉

語り手　客観的状況を表現する／[1]～[6]まで六人。＊

源氏方

与一　与一を表現する。

義経　義経を表現する。

後藤　後藤兵衛を表現する。

源氏方を表現する／①～⑩までの一〇人。

平家方

平家方を表現する／①～⑩までの一〇人。

＊なお、語り手はそれぞれの専門をもつ。

たとえば、4は与一にかかわる文を読むというように。

〈演出ノート〉

1、なるべく大勢の生徒が参加できるようにしてあるが、人数の関係で、源氏・平家方の数を減らしてもよい。

配置図

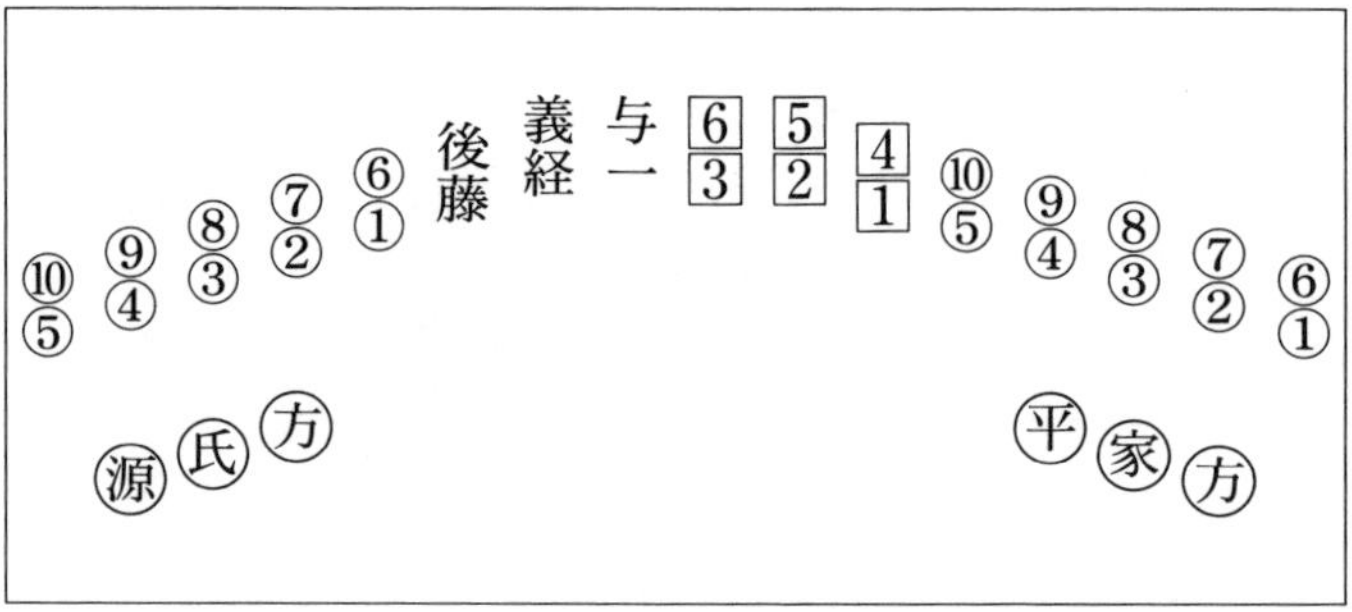

〈記号〉	〈演出ノート〉
＋〈漸増〉	2、語り手の声の質をほぼ同じにすると、流れがよく聞こえる。 3、重々しく、リズムをくずさずに読みすすめる。 4、とくに、固有名詞・数詞は荘重に読むようにする。少し気取って重々しく読む。 5、また、係り結びは、ことさら強く読む。たとえば、「陸《くが》へ向いてぞ招きける」の場合、「ぞ」「ける」に強いアクセントをつけて読む。 6、長文なので、視聴覚的な補助手段をあわせて用いるとよいだろう。 a　効果がある。波の音、鏑矢の音などは不必要だが、冒頭、ほらがいの音くらいはあってもいいだろう。 また、音楽を参加させてもよい。邦楽の琵琶の音色は情景を盛り上げるだろう。 b　視覚的な表現がある。平家は「赤」、源氏は「白」がシンボル・カラーなので、源平のグループごとに服装の一部を赤・白でそろえるといいだろう。たとえば、平家方は首に赤いスカーフをまくというような。 あるいは、源氏・平家の読み手のうしろに、「白旗」「赤旗」を掲げておく。

語り手全員　平家物語　巻の十一より「那須の与一」

効果　ほらがいの音

語り手　1　さるほどに、
語り手　2　阿波・
＋語り手3　讃岐に、
＋語り手6　平家にそむいて源氏を待ちけるつわものども、
源氏　1　あそこの峰、
＋源氏　2　ここの洞より、
＋源氏　3　十四、五騎、
＋源氏　4　二十騎、
＋源氏　5　打ち連れ
＋源氏　6　打ち連れ
＋源氏　7　馳せくるほどに、
＋源氏　8　判官《ほうがん》ほどなく
＋源氏　9　三百余騎にぞ

＋源氏10　なりにける。
語り手3　「今日は日暮れぬ。勝負を決すべからず」とて引き退くところに、
平家1　沖《おき》の方より尋常に飾ったる小舟一艘、
平家2　汀《みぎわ》に向かいて漕ぎ寄せけり。
平家3　渚《なぎさ》より七、八段《たん》ばかりになりしかば、
平家4　舟を横様《よこざま》になす。
源氏方　「あれはいかに」と見るところに、
平家5　舟のうちより年の齢《よわい》十八、九ばかりなる女房の、
＋平家6　まことに美しきが、
＋平家7　柳の五つ衣《ぎぬ》に、紅《くれない》の袴《はかま》着て、
＋平家8　皆紅《みなくれない》の扇の日出《い》だしたるを、
＋平家9　舟のせがいにはさみ立て、
＋平家10　陸《くが》へ向いてぞ招きける。
語り手6　判官、後藤兵衛実基《ごとうひょうえさねもと》を召し、
判官　「あれは、いかに」と宣《のたま》えば、
後藤　「射よとにこそ候うめれ。ただし、大将軍が矢面《やおもて》にすすんで、傾城《けいせい》を御覧ぜられんところを、手だれにねろうて射落とせとのはかりごとと覚え候。さは

候えども、扇をば射させらるびょうや候うらん」

判官　「味方に射つべき仁《じん》は誰かある」

後藤　「上手ども多う候うなかに、下野《しもつけ》の国の住人、那須太郎資高《すけたか》が子に与一宗高《むねたか》こそ小兵で候えども、手ききにて候」

判官　「証拠はいかに」

後藤　「かけ鳥など争うて、三つに二つはかならず射落とし候」

判官　「さらば召せ」

語り手4　与一そのころ二十《はたち》ばかりの男の子なり。

＋語り手5　褐《かち》に赤地の錦をもって大領《おおくび》はた袖色へたる直垂《ひたたれ》に、萌黄《もよぎ》おどしの鎧着て、足白の太刀をはき、二十四さいたる切斑《きりう》の矢を負い、薄切斑に、鷹の羽わりあわせてはいだりける、ぬための鏑《かぶら》をぞさしそえたる。滋籐《しげとう》の弓、脇にはさみ、甲《かぶと》をば脱いで高紐《たかひも》にかけ、判官の御前にかしこまる。

判官　「いかに宗高、あの扇の真ん中射て、平家に見物させよかし」

与一　「仕ろうとは存じ候わず。これを射損じ候うほどなれば、長き味方の弓矢のおん傷にて候。一定《いちじょう》つかまつらんづる仁に仰せ付けるびょうや候うらん」

語り手6　判官、大いに怒って、

判官　「鎌倉を立って西国へおもむかん人々は、義経が命にそむくべからず。少し語り手　４　も子細《しさい》をぞんぜん人々は、これよりとうとう鎌倉へ帰らるべし」
与一　与一重ねで辞せば悪しかりなんとや思いけん。
語り手　５　「御定《ごじょう》で候えば、はずれんをば知り候わず。仕《つかま》ってこそみ候わめ」
与一、御前をまかりたち、黒き馬の太うたくましきに、小房《こぶさ》のしりがいつけ、
まろほやすったる金覆輪《きんぷくりん》の鞍置いてぞ乗ったりける。弓取り直し、手綱《たずな》かい
くり、汀《みぎわ》へ向いてぞ歩ませける。
源氏１〜５　味方のつわものども、与一が後ろをはるかに見送って
源氏　６　「一定《いちじょう》、この若者、仕《つかま》らんと覚え候」と申しければ、
語り手　６　判官も頼もしげにとぞ見給いける。
語り手　４　矢ごろ少し遠かりければ、海のなか一段《いったん》ばかりうち入れたりけれど、なお扇
とのあわいは七段ばかりもあるらんとこそ見えたりけれ。
語り手　１　ころは二月《にんがつ》十八日、酉《とり》の刻ばかんのことなれば、
＋語り手２　折節《おりふし》北風激しうて、磯打つ波も高かりけり。
語り手　３　舟は揺り上げ、揺りすえ漂えば、扇も串に定まらず、ひらめいたり。
平家方　沖には平家、舟を一面に並べて見物す。
源氏方　陸には源氏くつばみを並べてこれをみる。
＋平家方　いづれもいづれも晴れならずということなし。

語り手4　与一、目をふさぎ、心の内に、

与一　「南無八幡大菩薩、別しては我が国の神明《しんみょう》、日光の権現、宇都宮、那須の温《ゆ》泉大明神《ぜんだいみょうじん》。願わくはあの扇の真ん中射させてたばせ給え。これを射損ずるものならば、弓切り折り自害して、人に再び面《おもて》をむこうべからず。今一度、本国へ帰さんと思し召《おぼめ》さば、この矢、はずさせ給うな」

語り手4　心のうちに祈念して、目を見開いたれば、風も少し吹き弱って、扇も射よげにこそなったりけれ。

語り手5　与一、鏑《かぶら》をとって番《つが》い、よっ引いてひょうど放つ。小兵というじょう十二束三伏《そくぶせ》、弓は強し。

語り手1　鏑は浦響くほど長鳴りして、過《あやま》たず、扇の要《かなめ》ぎわ一寸ばかり置いて、ひいふっとぞ射切ったる。

源氏・平家方　ひいふっとぞ射切ったる。

語り手1　鏑は海に入りければ、

語り手2　扇は空へぞ上がりける。

語り手3　しばし、虚空《こくう》にひらめきけるが、

語り手4　春風に、

語り手5　一もみ二もみもまれて、

語り手６　海へさっとぞ散ったりける。

語り手全員　鏑は海に入りければ、扇は空へぞ上がりける。しばし虚空《こくう》にひらめきけるが、春風に、一もみ二もみもまれて、海へさっとぞ散ったりける。

語り手１　夕日《せきじつ》の輝いたるに、皆紅《みなくれない》の扇の日出だしたるが、白波の上に漂い、

語り手２　浮きぬ

語り手３　沈みぬ

語り手６　揺られけるを、

平家方　沖には平家、ふなばたをたたいて感じたり。

源氏方　陸には源氏、えびらをたたいてどよめきけり。

梁塵秘抄より

梁塵秘抄より四編を選んだ。いずれも当時の子どもたちの遊び歌である。

《原文》

舞へ舞へかたつぶり、舞はぬものならば、馬《む ま》の子や牛の子に蹴《く》ゑさせてん、踏み破《わ》らせてん、真《まこと》に愛《うつく》しく舞うたらば、花の園まで遊ばせん。

〈読み手〉ソロ　1、2、3、4、5の五人

1　舞へ舞へかたつぶり、
1　舞へ舞へかたつぶり、
2　　舞へ舞へかたつぶり、
1　舞はぬものならば、
2　　ならば、舞はぬものならば、

3　馬《むま》の子や
4　牛の子に
＋3　蹴《く》ゑさせてん、
＋4　踏み破《わ》らせてん、
5　真《まこと》に愛《うつく》しく舞うたらば、
＋1　2　花の園まで遊ばせん。
全員　遊ばせん。遊ばせん。遊ばせん。

〈読み方〉透明な声で、ゆったりと節をつけて歌うように読む。

《原文》
居《い》よ、居よ、蜻蛉《とうぼう》よ、堅塩《かたしお》参らん、さて居たれ、働《はたら》かで、すだれ篠《しの》の先に馬の尾より合はせて、掻《か》いつけて、童《わらべ》、冠者《くわざ》ばらに繰《く》らせて遊ばせん。

〈読み手〉ソロ　1、2、3、4、5の五人

1　居《い》よ、居よ、蜻蛉《とうぼう》よ、

+2　堅塩《かたしお》参らん、

+3　さて居たれ、

4　働《はたら》かでー、

5　シーィッ（静かに）

（間＝トンボをつかまえた！）

+5　すだれ篠《しの》の先に

+4　馬の尾より合は《わ》せて、

+3　掻《か》いつけて、

+2　童《わらべ》、冠者《くわざ》ばらに

+1　繰《く》らせて遊ばせん。繰らせて遊ばせん。

〈読み方〉「働かでー」は「動かないでー」の意味なので、静かに読む。「すだれ篠《しの》の」以下、はずむように読む。

《原文》

いざれ独楽《こまつぶり》、鳥羽《とば》の城南寺《じょうなんじ》の祭見《み》に。我はまからじ恐ろしや、こり果《は》てぬ。作《つく》り道や四《よ》つ塚《づか》に、あせる上《あが》り馬の多かるに。

〈読み手〉

ソロ　　　　独楽
アンサンブル　子どもたち数人

子どもたち	独楽
いざれ独楽《こまつぶり》、鳥羽《とば》の城南寺《じょうなんじ》の祭見《み》に	
	我はまからじ恐ろしや、こり果《は》てぬ
いざれ城南寺の祭見に	
	こり果てぬ　こり果てぬ
	作《つく》り道や四《よ》つ塚《づか》に、あせる上《あが》り馬の多かるに
いざれ　祭見に　祭見に	こり果てぬ、恐ろしや
祭見に　祭見に　祭見に	こり果てぬ、恐ろしや
祭見に　祭見に（小さく消える）	こり果てぬ、恐ろしや（くりかえしつつ消える）

〈読み方〉 子どもたちと独楽との対話。しつっこく誘われた独楽はますます萎縮する。

《原文》

茨小木《うばらこぎ》の下にこそ、いたちが笛吹き猿舞《かな》で、掻《か》い舞《かな》で、いなご麿《まる》賞《め》で拍子《ほうし》つく。さて、きりぎりすは、鉦鼓《しょうこ》のよき上手。

〈読み手〉 ソロ　1、2、3、4、5の五人
アンサンブル　囃し手（数人）

1〜5　茨小木《うばらこぎ》の下にこそ
囃し手　ア、ヨイサ
1〜5　いたちが笛吹き猿舞《かな》で
囃し手　ハー
1〜5　掻《か》い舞《かな》で
囃し手　ハー

1〜5　いなご麿賞《まるめ》で拍子《ほうし》つく
囃し手　ア、サテ、ア、サテ、サテサテサテサテ
1　きりぎりすーは
＋2　きりぎりすーは
2〜5　鉦鼓《しょうこ》の鉦鼓のよき上手
囃し手　ア、ヤンヤ、ア、ヤンヤ
全員　鉦鼓の鉦鼓のよき上手
　　ア、ヤンヤ、ア、ヤンヤ、ア、ヤンヤ、ヤンヤ、ヤンヤ

〈読み方〉　「いなご麿賞《まるめ》で拍子《ほうし》つく」は「いなご麿《まる》、賞《め》で、拍子《ほうし》つく」と読む。
　音の出るものを叩くなど、鳴り物入りでにぎやかに読む。最後の「ア、ヤンヤ」は、手を打って囃たてる。

漢詩　桃夭《とうよう》——周南

漢詩は学習したあと、朗詠すると、いっそう理解が深まる。しかし、朗詠は節をつけて吟ずるので、そうかんたんにはできない。そこで、朗誦するとよいだろう。朗誦は声高く朗々と読むことである。朗読に比較して、音吐朗々と少し気取った読みになる。このとき、群読で朗誦することを勧めたい。その一例である。

〈読み手〉	〈演出ノート〉	〈記号〉
ソロ　1、2、3、4	桃夭《とうよう》は嫁ぎゆく娘を祝福する歌である。声高く、よく響くように明るく読む。 1連「桃之夭夭　灼灼其華　之子于歸　宜其室家」〈桃の木は若く、その花は燃えたつように輝いている。この娘がお嫁に行ったら、嫁ぎ先にふさわしい妻になるだろう〉 2連「桃之夭夭　有蕡其實　之子于歸　宜其家室」〈桃の木は若く、その実はふっくらしている。この娘がお嫁に行ったら、嫁ぎ先にふさわしい妻になるだろう〉 3連「桃之夭夭　其葉蓁蓁　之子于歸　宜其家人」〈桃の木は若く、その葉はふさふさと茂っている。この娘がお嫁に行ったら、家じゅうの人に喜ばれる妻になるだろう〉	〈追いかけ〉

1　桃の夭夭《ようよう》たる
234　（小さくくりかえす）桃の夭夭たる
2　灼灼《しゃくしゃく》たる其《そ》の華《はな》
134　（小さくくりかえす）灼灼たる其の華
3　之《こ》の子　于《ここ》に帰《とつ》がば
124　（小さくくりかえす）之の子　于に帰がば
4　その室家《しっか》に宜《よろ》しからん
123　（小さくくりかえす）その室家に宜しからん

1　桃の夭夭《ようよう》たる
2　夭夭たる　桃の夭夭たる
3　有蕡《ゆうふん》たるその実
4　その実有蕡《ゆうふん》たる
1　之《こ》の子　于《ここ》に帰《とつ》がば
2　于に帰がば、之の子、
1234　その家室《かしつ》に宜《よろ》しからん

1　桃の夭夭《ようよう》たる
2　夭夭たる　桃　夭夭たる
3　其《そ》の葉　蓁蓁《しんしん》たり　其の葉　蓁蓁たり
4　蓁蓁たり　其の葉　蓁蓁たり
1　之《こ》の子　于《ここ》に帰《とつ》がば
2　于に帰がば　之の子
3　之の子　于に帰がば
4　于に帰がば　之の子
1　之の子　于に帰がば
2　其《そ》の家人に宜《よろ》しからん
2 3　宜しからん
2 3 4　宜しからん
1　之《こ》の子　于《ここ》に帰《とつ》がば
1 2 3 4　其の家人に宜しからん

3　行事のなかの詩

(1) 卒業する三年生を励ます詩

次の二編の詩、「明日だけをみつめよう」と「マラソン」は、「卒業を迎える三年生を励ます会」で、一年生が三年生に送った演目のなかで発表された。生徒の制作委員会が作成したものに教師が少し手を加えて作成した。

卒業する上級生を言葉で送るのもいいが、こうした詩にたくし、群読によって、その気持ちをあらわすことも、学校文化の一つのありようである。こういう独自な洗練された文化様式をもつことは、学校づくりのひとつの課題である。

〈読み手〉	〈演出ノート〉	〈記号〉
二編とも、ソロ　1、2、3の三人。	1、二編とも読みできかせる脚本となっている。それだけに朗読の技術が問われる。 2、音楽の伴奏を背景に読むといっそう表現が深まる。	＋　〈漸増〉

明日だけをみつめよう

1　暗い夜空を　雨をよび
+2　冬の嵐がふきすさぶ　今
123　北風に向かって歩もうとする三年生

2　北風にたえながら
1　悩みをみつめ
2　悲しみをみつめ
1　友と手をとり
+2　友と歌いながら
+3　明日だけをみつめよう
3　やがて　嵐はすぎていく

1　冬の嵐が吹いている
+2　北風に胸をはれ　校庭のにれの木のように

3　苦しみにたえ　苦しみの消えるまで
＋12　明日だけをみつめよう

1　北風に胸をはり
＋2　青春の血をたぎらせよう
1　北風のなかに
2　ほら　きこえてくる
1　春の足音
＋2　友の足音
＋3　あとに続くぼくたちの足音

1　あすだけをみつめよう
2　やがて　幸せの鐘がなり
＋3　苦しい夜があけ
希望の太陽が昇る
1　その輝ける明日への励ましに
＋23　一年生六百十六名が四曲の合唱を捧げます

マラソン

12　ランナーが走る
3　ひたすらゴールをめざして
1　すでに長い道のりを走ってきたが
2　この、険しい峠を越えれば
12　夜明けが近づくはずだ
3　あともう少しだ

2　あえぎながら走る後ろから
3　思い出が追いかけてくる
1　合唱で迎えた入学式
＋2　友と泳いだ夏の海
＋3　つきぬけるような青空のもとでの体育祭
1　木曽、妻籠、民宿の夜のひそやかな語らい
2　先生に叱られた日のことも

3　しかし、後ろを振り返りはしない
1　どんなに苦しく、気が遠くなろうとも
＋2　立ち止まったりはしない
1　どんなに戻りたいと思っても
23　過ぎ去った日々はもう返りはしないのだ

1　走り続けよう
＋2　この闇をかけ抜けよう
＋3　友といっしょに走り続けよう
1　吹く風に後ずさりしながら
2　冷たい雨にずぶぬれになりながら

12　立ち止まってはいけない
3　甘い誘惑の言葉に腰を下ろしてはいけない
12　友といっしょに励ましあってたたかうのだ
＋3　ただゴールをめざせ！

1　苦しくなったら歌うがいい
2　歌は石を洗う水のようなもの
3　すがすがしい風のようなもの
＋1　わたしたちを結ぶ火のようなもの

12　後から続くぼくらを信じて走れ！
＋3　闇をつんざいて走れ

12　この険しい峠を越えれば
＋3　輝く夜明けが待っているはずだ

⑵ 下級生の励ましに応える詩

いさみて進まん

この詩は生徒会主催「卒業を迎える三年生を励ます会」で、一、二年生の励ましに応えた三年生の出しものの冒頭を飾る群読詩として作成された。詩は制作委員会が制作した。応募作品とあちこちの詩集から集めた断片をつなぎあわせて作成したものに、教師が少し手を加えた。

〈読み手〉	〈演出ノート〉	〈記号〉
ソロ 1　女子 2　女子 3　男子	1、詩の内容にあわせたピアノ伴奏が求められる。ほかに、むずかしいことはない。 2、三人で読むようになっているが、分読の分担を変えれば何人でも読むことができる。	＋　〈漸増〉

1　目を閉じると、
おぼつかない足どりでたどってきた道が見える。
いろいろなことがあった。
そのたびにつぼみのような輪がふくらみ、
やがて、四七九の幼い手の結びあった輪ができた。
けれど、ときには、白く濁ったさまざまな欲望や、
知らぬまに発生し、腐敗していくどんよりした思想に、
熱く握りあった手は力を失い、
輪は冷たくなった。

2　そんなときに、
きたえたわざを競うスポーツがあった。
清澄《せいちょう》さわにみちたうたごえがあった。
冷えた手に熱い血潮がよみがえった。

1　「きみとぼくふたり、
励ましあいながら、

＋2　結んだ友情

+3 いつまでもつづく」
1 わたしたちはそう歌った。

3 月日は流れた、今、
爪先立って、その未来を隠している高い塀を越えて、向こうを見た。
かいま見た明日の世界に、
点数の支配する、成績の支配するくらやみを見た。
現実の黒く厚い雲がひろがり、
差別という非情の雨が、矢のようにからだに突きささり、
丸い輪は、くずれていびつになった。

1 おお、けれども絶望はしない。
この先見いだしにいくものがなんであるか、
わたしたちは知っている。
それは重い任務だ。
それは、ひとつの新しい人間世界をつくりだすしごと、
2 それは、自分の手で自分を動かすしごと、

3　差別のない自由をひらくしごと。

1　やがて、幾星霜の後《のち》、

＋2　わたしたちのもので世界はみたされる。

1　やがて、わたしたちのものが、

＋2　草の根のごとくに大地の底深く、

＋3　その手をつなぎあわすだろう。

（明るくなり、指揮者登壇）

1　ついにときはきた。
　耳をすまし、聖なる門出の若き序曲を聞こう。

（オーケストラの前奏がはじまる）

1　「わがゆく道は

＋2　はるけくも

1　手をとりすすめ

＋3　若人よ

＋2　いさみてすすめ、若人よ」

（「若人の歌」の合唱がはじまる）

進みなさい　さあ、もっと

〈読み手〉	〈演出ノート〉
ソロ　1　低く暗い声　（男子　バス） 2　明るい声　（女子　ソプラノ） 3　重い声　（女子　アルト） 4　明るく力強い声　（男子　テノール）	1、何人でも読むことができるが、こうした詩の群読は小人数でじっくり読んで聞かせたほうがいい。 2、この作品は、勤務校の文化行事、合唱祭で、三年生が読んだ群読である。三年生の発表の序詩として読まれた。合唱の前にはかならず、その歌に寄せる生徒集団の理想や合唱解説を含む詩を群読した。これがこの生徒会の文化的伝統であった。 　この作品は、進路問題で疲れ果てている状況を克服しようとする心象を読んでいる。 3、生徒がつくったものだが、いろんな詩から引用しながら構成しているので、いまとなっては、作者を特定することはできない。 4、ピアノの伴奏をつけるといっそう効果的である。

1　旅人は歩いていた
苦しくも心許ない石ころだらけの道を
2　青々とした森
高く澄んだ空の下
小鳥がさえずる
いこいの国ははるか遠く
雪まじり、嵐吹く頂のかなた
ぎらぎらと太陽もえる砂漠のかなたに

3　旅人は疲れ　衰えている
その心は暗く　眼もかすみ
希望もなければ　慰め手もなく
よろめき歩み　力絶え　死の覚悟をして………

1　たびたび無情の空を仰ぎ
たびたびものうい道を眺め
たびたび身を力なく横たえ

人生の重荷を投げ出したいと思う
4　しかし、悲しみ嘆く者よ
まだ倒れてはいけない
2　遠い地平線に
2　あんなにも青く　かすかに
2 4　あけぼのの希望が輝いているではないか！

1　だが、旅人の眼に映るどんなものも
1 3　旅人を慰めはしなかった………
4　そのとき、声がした
2 4　(小さく)「進みなさい　さあ、もっと！」
1 2 3 4　(大きく)「進みなさい　さあ、もっと！」

⑶　文化祭開会セレモニーの詩

躍動する青春

――高橋哲憲

千葉県木更津市立金田中学校の文化祭の開会行事に発表された作品である。今は亡き高橋哲憲先生の作による。（「こうぶしの花」芳文堂出版／高橋哲憲著による）

〈読み手〉	〈演出ノート〉
ソロ　1（女子）、2（男子）、3（女子） コーラス　一年、二年、三年生 　全校男子（一、二、三年生の男子） 　全校女子（一、二、三年生の女子） 　全校生徒（一、二、三年生全員）	ダイナミックな詩の群読、しかも、全校群読の脚本である。こうした実践は高橋哲憲先生の独壇場であった。ソロとコーラスがおりなすハーモニー、高揚する文化祭の開会セレモニーにふさわしい群読である。

1　友よ！
12　友よ！
123　友よ！
1　三年前から鳴り響いている
2　金中の、ぼくらの雄飛太鼓
3　その音の、今こそ高らかに鳴り響く

1　友よ！　二百二十六人の友よ！
2　おお！
3　太鼓の響きのように腹の奥の奥から
一年　美しい
二年　たくましい
三年　朗らかな
全校　響きを出そう

1　一年生の友よ！
123　友よ！

1　　はじめての金中祭
　　期待と不安のいりまじった、しかし、いちばん楽しいものを
123　さあ、元気にはじめよう
一年　はい、元気にはじめます

2　　二年生の友よ！
123　友よ
2　　二度目の金中祭
　　もうすっかりなれた、油ののりきったとき
123　さあ、愉快にはじめよう
二年　おお、愉快にはじめよう

3　　三年生の友よ！
123　友よ！
3　　三度目の金中祭
　　そうです。しあげのときです。心のそろった美しい表現を
123　くりひろげよう

三年　おお、くりひろげよう

1　友よ！　遠い遠い昔から、
2　文化は人といっしょにあった
1　共に働き
2　共に食べ
3　共に語りあい
1　歌い
1 2　おどり
1 2 3　描いた

1　友よ！　力をあわせてものをつくることの
なんと楽しいことか
2　美しいひとりの響き
2 3　美しいふたりの響き
1 2 3　美しいみんなの響きがとけあって
1　どんなに美しいうたがうまれるだろう

12　文化をみんなでつくる
123　それが金中祭だ

1　友よ！　わたしたちは生きている
一年　生きている
1　困難にうちかって
二年　困難にうちかって
1　ねばり強く生きること
三年　ねばり強く生きること

1　そこに楽しさがある

1　友よ！　わたしたちは生きている
3　生きている
1　だから、わたしたちは考える
2　一歩一歩、大地をふみしめ
3　よりよくよりよく生きるために
12　わたしたちは考える

1　友よ！　わたしたちは生きている
3　生きている
1　生きるためにことばがある
3　すばらしいことば
2　やわらかなことば
1　やさしいことば
3　はげましのことば
12　わたしたちは共に生きている

1　友よ！　二百二十六人の友よ！
2　今、ぼくらは
全男子　ぼくらは
3　今、わたしたちは
全女子　わたしたちは
一年　金中の自治をつくる
二年　金中の文化をつくる

三年　金中の歴史をつくる

1　友よ！

123　二百二十六人の友よ！

1　大きな時間の流れのなかで

123　躍動する　青春の

全員　金中祭を　はじめよう！

II 群読活動の新しい展開

1　伝統芸能文化を支える「唱歌」の技法

唱歌は「しょうが」と読む。

唱歌とは、日本の伝統音楽の用語である。元来、雅楽の用語であったが、広く邦楽全体に用いられるようになった。雅楽《ががく》・能・尺八・箏《そう》・琴・三味線・囃子《はやし》などの楽器の学習に用いられる独特な記譜法である。「証歌」「正歌」「声歌」と書くこともある。

唱歌とは、楽器の旋律またはリズムを口で唱えることである。音名をことばで表現するのであるが、ジャンルによって、唱える言葉が違う。

たとえば、口三味線で「トチチリチン」などというが、本来は三味線の唱歌で、音階をあらわしている。「ト」が二の音、「チチリチン」は三の音で、ポジションまでもきまっている。

よく知られている祭り囃子を例にあげると、締太鼓は「テン、テケ、テレック」、大太鼓は「ド、ドド、ドン」、当《あた》り鉦《かね》は「チャン、チキ、チャチャ」、休符は「ス、スッ」などと表現する。

三波春夫の持ち歌の一節に「小皿たたいて、チャンチキ、おけさ」があるが、この「チャンチキ」は、本来は、当《あた》り鉦《かね》の音をあらわす。小皿をたたくと、たしかに当り鉦のような音がするので、そう表現したのだろう。「チャンチキ」は、唱歌からきた言葉なのである。

では、なぜ、楽譜や音名が用いられず、唱歌《しょうが》の技法が生み出されたのだろうか。楽譜が一般化しない時代なので、口うつしに教えるのに教えやすく、覚えるのに覚えやすかったからである。一種の学習教材であった。

ところで、音を言葉に変えて教える唱歌の技法は、今でも各地の民舞保存運動にも用いられている。唱歌は邦楽界でのみ使われていると思っていたら、意外や、民舞保存運動においても、用いられていたのである。

ザンズク　ザンズク　ザンズクザッコ
ザンズク　ザンズク　ザンザグスック
太鼓の調べ　きりりとしめて
ささらをそろえ　きりりとめそろう
ザンズク　ザンズク　ザンズクスック
ザンズクザッコ　ザグズザッコ　ザンコ　ザン

これは岩手県北上地域の「鹿踊り口唱歌《くちしょうが》」の一部である。北上市の岩間政信先生が採取した唱歌である。（「イーハトーブの子どもたち」岩手絵の会）

岩間先生の話によると、鹿踊りは、ささらをつけた豪華な衣装をつけ、歌いながら、身につけた太鼓をはやしつつ、鹿に似せて踊る。その踊りを覚えるときに、口唱歌を使うのである。「ザンズク」「ザンコ」「ザン」というように「ザ」のつく言葉は太鼓の胴をたたく音、太鼓のふちをたたく音は「タンチキチキ」というように「タ」の音であらわす。

「ザンズク　ザンズク　ザンズクザッコ」は、その言葉とリズムによって、太鼓をどうたたくか、どう踊るかがきまっている。楽譜のかわりの歌なのである。小さい子どもたちに、太鼓と踊りを教えるのに、すぐれた方法である。鹿踊りの口唱《くちしょう》歌《が》は十分くらいの長さだというが、楽譜で覚えるより、歌で覚えたほうがずっと覚えやすい。

しかし、覚えるまでは唱歌を歌うが、舞台に立って発表する段階になると、唱歌の部分は、口には出さずに心のなかで歌いながら踊る。心のなかで「ザンズク　ザンズク　ザンズクザッコ」と歌いながら、そのリズムに合わせて太鼓をたたき、踊るのである。鹿踊りは数人で踊るが、みごとにそろって踊れるのは、同じ唱歌をそろって覚えているからである。

この唱歌は、同じ鹿踊りでも、地域によって違いがあるというが、書き留められたものはない。楽譜も公開されることはない。村の芸能伝承者団によって門外秘として保持され、後継者には口頭によって伝えられ教えられているそうである。伝統的な民舞のほとんどは、この方法で伝えられているという。

そこで、直接、民舞の保存活動にかかわらない子どもたちにも、民舞への関心を高め、そのなかで用いられる声の文化、唱歌についての理解を深めたいと思う。ラップのような欧米の声の文化の摂取もいいが、一方、日本の伝統的な声の文化を学ばせなくてはならないだろう。

つぎの脚本は、その学習教材である。

唱歌　祭囃子

〈読み手〉　ソロまたはグループ　　1、2、3、4、5、6

〈演出ノート〉

笛・締太鼓・当《あた》り鉦《かね》・太鼓の音でにぎわう祭囃子の唱歌《しょうが》。大きくなったり小さくなったり、にぎやかに歌うように読む。群読が音楽的であることを学ぶ題材でもある。

〈記号・用語解説〉

＋　〈漸増〉

┌┐　〈追いかけ〉

｜　〈漸減〉

╪╪　〈異文平行読み〉

═　〈バック読み〉

⌒　／〈異文重層〉「／」はその終了をあらわす。

1　　オヒーリア　ヒー

2　　テン

4　　ド　ド　ド

＋3　ド　ド　ド

6　ドン
1　オヒーリア　ヒー
2　テン
　　テン　テン　テンテンテンテン
3　テンツクツクツク　テンツクツン
+4　テンツクツクツク　テンツクツン
+5　テンテンテレツク　テレツケテン
+6　テンテンテレツク　テンツクテン
全員　テレツクストトン　テレツクテン
2　テンツクツクツク　テンツクツン　テンテンテレツク　テレツクテン
3　テンテンテレツク　テレツクテン　テレツクストトン　テレツクテン
4　テレツクストトン　テレツクテン　テンテンツクツク　テンツクテン
5　テンテンツクツク　テンツクテン　テンツクツクツク　テンツクツン
2　テレツクストトン　テレツクテン　テンテンツクツク　テンツクテン
3　テンテンツクツク　テレツクテン　テンツクツクツク　テンツクツン
4　テンツクツクツク　テンツクツン　テンテンテレツク　テレツクテン
5　テンテンテレツク　テレツクテン　テレツクストトン　テレツクテン
1　ヒャイトロヒャイトロ　ヒャラリーリー

3　チャンチャンチキチキ　チャンチキチ
4　チャンチキチキチキ　チャンチキチ
5　チャンチキチキチキ　チャンチキチ
6　チャンチキチキチキ　チャンチキチ
2 3　チャンチキチキチキ　チャンチキチ
全員　チャンチャンチキチキ　チャンチキチ
1　ヒャイトロヒャイトロ　ヒャラリーリー
4　ドンドンドンドン　ドロツクドン　2　テンツクテンツク　テンツクツン
+3　ドロツクドロツク　ドロツクドン　テンツクテンツク　テンツクツン
+5　ドロドロドロドロ　ドロツクドン　テンツクテンツク　テンツクツン
+6　ドンツクドンツク　ドロツクツン　テンツクテンツク　テンツクツン
+1　ドンツクドロドロ　ドロツクツン　テンツクテンツク　テンツクツン
2　ドンツクドンツク　ドロツクツン　ドンツクドロドロ　ドロツクツン
3　ドンツクドロドロ　ドロツクツン　ドンドンドンドン　ドロツクドン
4　ドンドンドンドン　ドロツクドン　ドロツクドロツク　ドロツクドン
5　ドロツクドロツク　ドロツクドン　ドロドロドロドロ　ドロツクドン
6　ドロドロドロドロ　ドロツクドン　ドンツクドンツク　ドロツクツン
全員　ドンドンドロツク　ドロツクドン　ドンドンドロツク　ドロツクドン

1　ヒャイトロヒャイトロ　ヒャラリーリー
5　スコトンスコトン　デレツケデン
+6　スットンドンドン　ドロツクドン
234　チャンチャンチキチキ　チャンチキチ　（だんだん小さく）
—2　チャンチキチキチキ　チャンチキチ
—4　チャンチキチキチキ　チャンチキチ
4　ドンドンドンドン　ドロツクドン　（大きく）
1　オヒャイヒャイトロ　ヒャイトロロ
1　ヒャイトロヒャイトロ　ヒャラリーリー　3
+2　テンツクツクツク　テンツクツン
+4　ドンドンドロツク　ドロツクドン
+5　スコトンスコトン　デレツケデン
+6　ピーッ　ピーッ　ピーッ　ピーッ
1　ヒャイトロヒャイトロ　ヒャラリーリー　4
+2　テンツクツクツク　テンツクツン
+3　チャンチャンチキチキ　チャンチキチ
+5　スコトンスコトン　デレツケデン
+6　ピーッ　ピーッ　ピーッ　ピーッ

チャンチキチキチキ　チャンチキチ
チャンチキチキチキ　チャンチキチ
チャンチキチキチキ　チャンチキチ
チャンチキチキチキ　チャンチキチ
チャンチキチキチキ　チャンチキチ
ドンドンドロツク　ドロツクドン
ドンドンドロツク　ドロツクドン
ドンドンドロツク　ドロツクドン
ドンドンドロツク　ドロツクドン
ドンドンドロツク　ドロツクドン

（1）ヒャイトロヒャイトロ　ヒャラリーリー　ヒャイトロヒャイトロ　ヒャラリーリー
（2）テンツクツクツク　テンツクツン　テンテンテレツク　テレツクテン
（3）チャンチャンチキチキ　チャンチキチ　チャンチキチキチキ　チャンチキチ
（4）ドンドンドロツク　ドロツクドン　ドンツクドンツク　ドロツクツン
（5）スコトンスコトン　デレツケデン　スットンドンドン　ドロツクドン
（6）ピーッ　ピーッ　ピーッ　ピーッ　ピーッ　ピーッ　ピーッ　ピーッ／

1 オヒャイヒャイトロ　ヒャイトロロ　ヒーヒャラヒーヒャラ　ヒャラリーリー
2 テンツクツクツク　テンツクツン　テンテンテレツク　テレツクテン
3 チャンチャンチキチキ　チャンチキチ　チャンチキチキチキ　チャンチキチ
4 ドンドンドロツク　ドロツクドン　ドンツクドンツク　ドロツクツン
5 スコトンスコトン　デレツケデン　スットンドンドン　ドンツクドン
6 ピーッ　ピーッ　ピーッ　ピーッ　ピーッ　ピーッ　ピーッ　ピーッ

1 オヒャイヒャイトロ　ヒャイトロロ　ヒャイトロヒャイトロ　ヒャラリーリー
2 テンツクツクツク　テンツクツン　テンテンテレツク　テレツクテン
3 チャンチャンチキチキ　チャンチキチ　チャンチキチキチキ　チャンチキチ
4 ドンドンドロツク　ドロツクドン　ドンツクドンツク　ドロツクツン
5 スコトンスコトン　デレツケデン　スットンドンドン　ドンツクドン
6 ピーッ　ピーッ　ピーッ　ピーッ　ピーッ　ピーッ　ピーッ　ピーッ

全員　ヒャイトロヒャイトロ　ヒヤラリーリー　（以下、だんだん小さく）
―6　ヒャイトロヒャイトロ　ヒヤラリーリー
―5　ヒャイトロヒャイトロ　ヒヤラリーリー
―4　ヒャイトロヒャイトロ　ヒヤラリーリー
―3　ヒャイトロヒャイトロ　ヒヤラリーリー
―2　ヒャイトロヒャイトロ　ヒヤラリーリー………
4　ドン（軽く）

なお、唱歌《しょうが》について、なお詳しく知りたいときは、黒沢明監督作品、映画「どん底」にその場面がでてくる。

2　群読による学校CM大会

このごろ、テレビのコマーシャルで群読が使われている。ヨットに乗った青年たちが「みんな喜ぶ力こぶ」などコールしているCMがあった。注意してテレビのCMを見ていると群読利用のCMは多い。

また、バラエテー・ショーの司会でも、

男の司会者「いよいよお待ちかね、世界最大のショー」
女の司会者「特別ゲストには、アンジーを迎え」
二人　　「ハイライト・ショーのスタート！」

夜のテレビ・ショッピング番組で、商品の紹介が終わったあと、司会者と男女のコメンテーター（芸能人）、その後ろに商品を紹介した各社の宣伝マンたちがずらっと並んで、

司会者　「というわけで、今夜もすばらしい商品を紹介しました」
男　　「どの商品も値打ちもの、一級品ばかり」
男・女　「しかも、安い」
司会者　「ただし、すべて限定商品。数に限りがございます」
女　　「すばやくきめて、すぐ電話」
男・女　「お電話を」
全員　　「お待ちしてまーす」と、お辞儀する。

群読によって、表現領域を広げ、訴求力を強めようというのである。一人で強調するより多数で強

ソロ（アンサンブル）	コーラス
いくぞ　いくぞ	第一小
笑いがいっぱい	
みんななかよし	第一小
友だちいっぱい	
おいしい給食	第一小
やさしい先生	第一小
伸びる　伸びる	第一小
ぐんぐん伸びる　楽しい学校	
みんな　集まれ	第一小
	第一小

調したほうがずっと強いインパクトで訴えることができるからである。

これから、ラップ音楽なども含めて、テレビのコマーシャル群読はますます広がっていくと思われる。

そうした潮流を活用して、学校CMの制作ごっこを実践してみたらどうだろうか。

子どもたちにこう呼びかける。

「今度、わたしたちの学校のCMを東京テレビで放映することになりました。そのなかで『わたしたちの学校はいい学校です』と宣伝し、『この学校に進学してみようかな』という気にさせるCMをつくってください」

こうしてつくられたのが上の学校CMである。

さらに、簡単なふりをつけたり、プラカードを用意して、㊬㊀㊫の文字を掲げてもよいだろう。

小学校では、このテーマで、児童会による群読大会を開くことができる。舞台に大きなテレビの枠をつくり、学級ごとにその枠のなかに入って、創意を凝らした「学校CM」を発表する。どんな創意が飛び出すか、楽しみである。

また、学年群読大会では、学級自慢のCM大会を開くことができる。

学級でもやれる。班の自慢CM大会を開く。班ごとにCM群読をつくって発表する。学級父母会や授業参観のおりに父母にも見てもらうと、父母も喜んで拍手をおくってくれるだろう。

3　群読とパフォーマンスによる表現活動

NHKの教育テレビの子ども番組に、各地の小学生の活動を紹介する番組があった。そのなかで「こうしてほしい」と、大人に要求する企画があった。そのヒトコマに、次のようなシーンがあった。

三人の女の子（五年生くらい）1、2、3が並んで立っている。

1＝教師役

2＝子ども役

3＝母親役

女の子　1（教師役）　受話器をとって「ピッポッ、ピッポッ、ピッポッ」と言いながらダイヤルする動作。「リーン、リーン、リーン」

女の子　3（母親役）　「リーン、リーン、リーン」受話器をとって「はい、山本です」

女の子　1（教師役）　「もしもし、山本さんですか。お宅の安江さんの担任の遠藤です」

女の子　3（母親役）　「ああ、いつも娘がお世話になっています」

女の子　1（教師役）　「じつは、今日もですね。また、お宅の安江さんがお友だちを泣かせたんですよ。まったくあの子には困りますね」

女の子　3（母親役）　「申しわけございません。よく注意いたしますでございます」

女の子　1（教師役）　「ご家庭でよく注意してくださいね。ほんとに困るんです。毎日のように事件をおこすんですから」

女の子　3（母親役）　「ほんとに申しわけありません」（と、頭を下げ、受話器を置き）「ふーっ」（と、ため息）

女の子　2（子ども役）　3のほうを向いて「ただいま」と家に帰ってきた動作。

女の子　3（母親役）　いきなり2の胸ぐらをつかみ「また、学校で悪いことしたんだって」

女の子　2（子ども役）　「えーっ。悪いことなんかしないよ」

女の子　3（母親役）　「なにいってんだ。今も、担任の先生から電話があって、友だちを泣かせたっていうじゃないか。まったく。親に恥をかかせて」と頭を叩く。

女の子　2（子ども役）　「やめてよ。ただぶつかったら泣いただけなんだよ」

女の子　3（母親役）「うるさい。悪いことばかりして。どうしようもない子なんだから、もう」とさらに叩く。
女の子　2（子ども役）「やめてよ。やめてよ」と頭をかばう。
女の子　23　と、動作をやめ、まっすぐ前をむいて「……というわけです。だから、先生！」
女の子123「学校でのことをいちいち親に告げ口しないでください。告げ口なんか、するな！」

たった三人でのおもしろい群読パフォーマンスだった。

前に聞いた話だが、「群読あやまり」といって、なにか失敗して先生にあやまりにいくとき、群読であやまるのである。群読であやまろうとすると、一応、脚本を書かなくてはならない。その過程が反省にもなるというのである。だから、しっかりとあやまることができ、あやまりにいって「あやまり方が悪い」とまた叱られることもなくなるというのである。

現代の子どもは、こうした即興的なパフォーマンスが得意である。したがって、学級活動のなかで、たとえば、子どもの権利条約の学習のあと、その一節を群読とパフォーマンスで表現するというように、意識的に、群による表現活動をすすめ、意見・主張・要求・討論などの活動を活性化したいものである。

III

戦後の教科書に掲載された「よびかけ」《資料》

戦後、国語の授業や学芸会・集会活動で「よびかけ」「シュプレヒコール」がさかんにとりあげられ、その脚本が、当時の国語の教科書にも教材として掲載されていた。

「よびかけ」は、コーラルスピーキング「ことばの合唱」を訳したものである。戦後、アメリカより国語の授業をとおして入ってきた言語表現文化である。

当時の『学校劇事典』（1953年版／小学館）によると、コーラルスピーキングは、学校やパーティーで、歌の合唱と同じように、声の質によって、ソプラノ・アルト・テノール・バスといった各パートにわかれ、中心になって話をすすめる語り手（リーダー）のもとにすむ。声をそろえ、あるいはひとりで、ときに、輪唱のようにして、コーラスが行われる。これに、音楽や舞踊・会話、動作が入ることもあるという。

このコーラルスピーキングは、たぶんメロドラマから発生したと推定される。

メロドラマは、今日「通俗劇」などの意味で使われているが、原義は音楽劇で、音楽の伴奏とともに台詞を語る劇のことである。つまり、語りに音楽をつけた劇で、十八世紀のドイツで盛んに上演された。モーツァルトに多大な影響を与えたベンダの「メディア」などのメロドラマ作品が有名である。

なお、日本の歌舞伎なども、このメロドラマの一種である。

ここに、戦後の教科書に掲載された二編の「よびかけ」を収録した。大阪・堺教育文化センターの松川利幸先生のご協力によるものである。

最初の「卒業の日」は、一九五二年（昭和二十七年）に発行された文部省検定済国語六学年後期用の教科書（二葉株式会社編集発行）に掲載された教材である。最後の単元「希望の門出」のなかの一編で、卒業式のために作られた「よびかけ」である。

作者の表記はないが、教科書編集・執筆者欄に、劇作家の斎田喬の氏名があるので、多分、かれか、その一門の手になるものと推定される。

現在、卒業式で実践されている「よびかけ」は、この脚本が原形になっている。

つぎの「春を呼ぶ」は、一九四九年（昭和二十四年）に発行された中等国語一学年（3）に掲載された教材である。（3）とは、三分冊目という意味で、三学期用に作られた教科書である。（二葉株式会社編集発行）

この作品は学年末の教材として、最後のしめくくり単元となっている。「よびかけ」がさらに文学的に劇化された作品である。

脚本の前のせりふの表現の仕方についての説明は、原文のままを転載してある。

時代の変化を感じさせる作品だが、当時の様子を知る貴重な資料である。

なお、この教科書を発行した二葉株式会社は、松川利幸先生のお話によれば、その後、大阪書籍に吸収合併されたとのことである。

卒業の日

「国語の本」六年下

静かに「春」の音楽。

男一　花、花、花。
女一　ちょうちょ、ちょうちょ。
男二　鳥、鳥、鳥。
女二　ひばり、ひばり。
全員　春、春、春。
男三　喜びにかがやく、祝賀の日。
女三　望みに燃える、卒業の日。
全員　卒業の日。
男一　校長先生。
女一　諸先生。
男二　来ひんの方々。
女二　おとうさん、おかあさん。
男三　在校生のみなさん。
女三　式場をうずめた顔。
男一　ほおえみの顔。
女二　わき起こる喜びの声。
全員　喜びの声。
男三　見てください。
女三　にぎりしめた卒業証書。
全員　卒業証書。
男一　これこそ、少年の日の最大のほまれ。
全員　最大のほまれ。
女一　むねのふくらみ。
男二　高鳴る血しお。
女二　燃えるほお。
男三　かがやくひとみ。
女三　喜び、望み、ほこり、感謝のうずまき。

全　員　うずまき、うずまき。
男　一　きょうの日にこそ、
女　一　きょうの日にこそ。
男　二　六年間の望みは
　　　　かけられたのです。
全　員　希望のちょう点。

女　二　わき起こる感謝のこころ。
全　員　わき起こる感謝のこころ。
男　三　校長先生。
女　三　諸先生。
男　一　一年、二年、三年、
女　二　四年、五年、六年。
男全員　六か年の長い年月。
女全員　六か年の長い年月。
男　一　身にしみるいつくしみ。
全　員　いつくしみ。

　　　　入学のころを思い出す音楽。

男　二　思い起こす一年生のころ。
全　員　一年生のころ。
女全員　雨の日に、
女　二　ぬれてないたのは、私でした。
男全員　雪の日に、
男　三　こごえて歩けなかったのは、ぼくでした。
女全員　あらしの日に、
女　三　かさを飛ばしたのは、私でした。
男　一　いつもいたわってくださった先生。
全　員　いつもいたわってくださった先生。
女　一　いつもやさしかった先生。
全　員　いつもやさしかった先生。

　　　　小鳥の声。

男　二　なつかしい学校生活の思い出。
全　員　六年間の思い出。
女　二　まわれ、まわれ、思い出のまわり燈ろう。
全　員　まわり燈ろう。
男　三　春の遠足。
女　三　山登り。
全　員　山登り。

男一　あせをふきふき、ラララララ。
男全員　ラララ、ラララ、ラララララ。
女一　つえにすがって、ラララララ。
女全員　ラララ、ラララ、ラララララ。
男二　道はけわしい石の道。
女二　リュックは重い、石の道。
男三　上着をぬいでひと休み。
全員　ひと休み。
男全員　オウイ。
女全員　オウイ。
男一　がんばれー、もうすぐちょう上だよー。
女三　すぐ行くわー。
男全員　エンヤラコーラ。
女全員　エンヤラコーラ。
男二　山のちょう上、見はらし台。
全員　見はらし台。
女一　わすれられない弁当の味。
全員　弁当の味。

波の音。

男三　夏は海の学校。
女三　海水浴。
全員　海水浴。
男一　どうんと寄せる波。
男全員　どうんと寄せる波。
女一　さあっとひく波。
女全員　さあっとひく波。
男二　ぬき手、クロール、平泳ぎ。
女二　波乗り遊び、すな遊び。
男三　黒さをほこる海の子。
全員　海の子、海の子。

ベルの音。

男一　秋のスポーツ。
女一　運動会。
全員　運動会。
男二　玉入れ遊び、二人三きゃく。
女二　全校みんなでつな引き競走。
男三　赤、勝つように。
男全員　赤、勝つように。
女三　白、勝つように。
女全員　白、勝つように。

男　一　赤勝て、オウエス、オウエス、
男全員　オウエス、オウエス、オウエス、
女　一　白勝て、オウエス、オウエス。
女全員　オウエス、オウエス、オウエス。
男　二　全校リレーのテープを切って、
女　二　わらって、ほめて、だき合って
男　三　空にひびけと、あげた勝どき。
全　員　あげた勝どき。

はく手。

男　一　冬の音楽会。
女　一　学芸会。
全　員　学芸会。
男全員　ドレミファソラシド。
女全員　ドレミファソラシド。
男　二　人形しばいのピョンピョンうさぎ。
女　二　コンコンぎつねの紙しばい。
男　三　チルチル、ミチル、青い鳥。
女　三　みんなつかしい思い出の国。
全　員　思い出の国。

静かな音楽。

男　一　在校生のみなさん。
女　一　在校生のみなさん。
男　二　手をつなぎ、
女　二　手をつなぎ、
男　三　声を合わせて、
女　三　声を合わせて、
男　一　共にかかげた校旗には、
女　一　いつも流れた、
男　二　自治、自主のそよ風。
全　員　自治、自主のそよ風。
男　三　あすからは君たちの手で、
男　一　その旗をかかげるのだ。
全　員　その旗をかかげるのだ。

別れの音楽。

男全員　楽しい学校。
男　二　校長先生のご幸福をいのります。
女全員　ほまれの高い学校。
女　二　諸先生のご健康をいのります。

男全員　希望にみちた学校。
男　三　在校生のみなさん、元気でいてください。
女全員　名残りのつきない母校。
女　三　私たちはいつまでも学校をわすれません。
男全員　運動場、学校園。
全　員　さようなら。
女全員　始業、終業のかね。
全　員　さようなら。

別れの音楽続く。

男　二　なつかしい先生。
全　員　なつかしい先生。
男　三　ぼくらはす立つわか鳥。
女　三　私たちはす立つわか鳥。
男　一　卒業証書は白いつばさ。
全　員　白いつばさ。
男　一　日ごろの教え、きょうの訓辞。
女　一　きょうの訓辞。
全　員　身にしめて、身にしめて。
男　二　はばたき強く。
全　員　はばたき強く。
女　二　飛び立つのです。
全　員　飛び立つのです。
男　三　今、新しい門出。
全　員　新しい門出。
女　三　はなやかな門出。
全　員　はなやかな門出。
男　一　鳴りわたる希望のかね。
全　員　にじ立つおかの新しい校舎に。
男　二　中学校の生活が待っています。
女　二　限りない感謝の心で、
男　三　今、とじる学校の生活。
全　員　小学校の生活。
男全員　さようなら。
女全員　さようなら。
全　員　さようなら。

春を呼ぶ

鴫原《しぎはら》一穂《かずほ》
中等国語　一年（3）

　これは「呼びかけ」としても、また「詩劇」としても演出することができる。いずれにしても、せりふをはっきり表現することがたいせつである。口ごもったり、速くなったり、声が低くて聞き手に届かなかったりしては、失敗である。文章の意味に即して、何度も何度も「ことば」の言い方を工夫していかなくてはならない。その練習にあたっては、くり返したり、やりなおしたりして、おっくうがらずにやっていきたい。この課の学習によって、みんなが少しでも「ことば」の言い方がらくになり、りっぱになって、聞く人たちにことばの美しさや力を感じさせることができたとしたら、成功である。
　もし、しぐさや動作を加えるような時には、どんなのがいちばんそのことばにふさわしいか、みんなで考えて、しだいに練りあげていく。

少年一　「長い冬だった。
　北風やふぶきが待ちかまえていて、
　ぼくらをつかまえた。
　だが、ぼくらは、冬を恐れなかった。
　冬に負けなかった。
　胸を張って飛び出し、
　北風やふぶきと戦った。
　そうして、ぼくらは勝った。
　強くなった。」

少女一　「そうです。
　小鳥もわたしたちと同じ、
　花もわたしたちと同じ、
　光の洪水の中に、
　舟を浮かべ、
　帆をあげ
　小鳥を乗せて、
　走りましょう。」

少年一　「ぼくたちは春を迎えに来たのだ。
　希望と歓喜に満ちた春を。」

少女一　「天の一本ばしごをおりて来る春を迎えに来ました。」

少年一　「暗いきびしい季節を突き抜けて来たぼくたち、

ぼくたちは
てのひらに受けきれない光を、
今こそ、からだじゅうに浴びようとして
いるのだ。」

少女一　「わたしの髪にも、
光はリボンのように揺れてるでしょう。」

少年一　「光っている。
揺れている。」

少年二と少女二、登場。

少年二　「きみたち、もうここへ来ていたの。」

少年一　「ああ、きみたちも来たね。じっとしていられなかったのだ。」

少女二　「わたしたちもそうでした。みんなもあとからやって来ます。」

少年一　「みんな、春を迎える準備はすんだのだね。」

少年二　「できたとも。」

少女一　「すっかりできました。」

少年二　「ぼくは風のように大空が飛べそうな気がする。」

少女二　「わたしにはちょうのような羽。足が、踊りたくてふるえる。」

少女一　「さあ、もう春のお使いが来るころでしょう。」

少年一　「むかし、小学校の一年生で習った『春をむかえに』をやってみたくなった。」

少女一　「そうそう、やってみましょう。」

四人で、おもしろく「春をむかえに」の「よびかけ」を始める。
そこへ佐保姫登場。

少年二　「春は手品師だ。
冬の世界へおりて来て、
手を開く。
ただそれだけで花が咲く。」

佐保姫　(にっこり笑って手を開く。花が咲く。)

少女一　「ほら、たんぽぽ。」

少女二　「あら、ここにすみれ。」

少年一　「春はうめの木のそばに立って、
そっとなでる。
ただそれだけで、

　　　　気品高いあの花。」
佐保姫　（にっこり笑って木をなでる。）
少女一　「ほら、におっきた。」
少女二　「ああ、いいにおい。」
少年二　「春はたもとを振って春風を起こし、
　　　手をあげて招く。
　　　ああ、小鳥の音楽。」
佐保姫　（にっこり笑って、手をあげて招く。小鳥
　　　の合唱が始まる。）
少女一　「きれいな音楽。」
少女二　「踊りだしそうだわ。」

　　　音楽は明るく、だんだん速くなる。
　　　少女たちは、自分の中からわいてくる自由な
　　　振りで踊りだす。
　　　少年たちも快活に踊りだす。

佐保姫　「少年よ、少女よ、みんなの喜び。
　　　美しい健康。
　　　明るい歌声。
　　　心の清らかさ。
　　　地上の太陽だ。
　　　春の光だ。
　　　少年よ。
　　　少女よ。
　　　いつまでも楽しくあれ。」

Ⅳ 本文で引いた詩の原作

おがわのマーチ

ぐるーぷ・めだか
（工藤直子）

ツン　タタ　ツン　タ
みぎむいて　ピン
ツン　タタ　ツン　タ
ひだりむいて　ピン
ぼくら　おがわの　たんけんたい
せびれ　そろえて　ツン　タッタ

かえる　よこめに
ツン　タタタ
こぶな　おいかけ
ツン　タタタ
ぼくら　おがわの　たんけんたい
めだま　ひからせ　ツン　タッタ

ツン　タタ　ツン　タ
みずくさ　チョン
ツン　タタ　ツン　タ
こいしを　チョン
ぼくら　おがわの　たんけんたい
あさから　ばんまで　ツン　タッタ

（「のはらうたⅠ」童話屋）

やまのこもりうた

こぐまきょうこ
（工藤直子）

こぐまが　ねむくなるときは
きのみが　ぽとんと　おちるとき
ひとつぶ　ぽとん
もひとつ　ぽとん
つづけて　ぽとん
まだまだ　ぽとん
ぽとぽと　ぽとん
おまけに　ぽとん
ねむくてねむくて　おやすみなさい

こぐまが　ねむくなるときは
きのはが　はらりと　おちるとき
いちまい　はらり

もひとつ　はらり
つづけて　はらり
まだまだ　はらり
はらはら　はらり
おまけに　はらり
ねむくてねむくて　おやすみなさい
（「のはらうたⅠ」童話屋）

かえるの　ぴょん

谷川俊太郎

かえるの　ぴょん
とぶのが　だいすき
はじめに　かあさん　とびこえて
それから　とうさん　とびこえる
ぴょん

かえるの　ぴょん
とぶのが　だいすき
つぎには　じどうしゃ　とびこえて
しんかんせんも　とびこえる
ぴょんぴょん

かえるの　ぴょん
とぶのが　だいすき
とんでる　ひこうき　とびこえて
ついでに　おひさま　とびこえる
ぴょんぴょんぴょんぴょん

かえるの　ぴょん
とぶのが　だいすき
とうとう　きょうを　とびこえて
あしたの　ほうへ　きえちゃった
ぴょんぴょんぴょんぴょんぴょんぴょん

ことばのけいこ

与田凖一

けっくう　けっくう
　きゃ　きゅ　きょ、
かえるが　かえると
　ことばのけいこ、

けっくう　けっくう
　きゃ　きゅ　きょ。
せっすう　せっすう
　しゃ　しゅ　しょ、
れっしゃは　れっしゃと
　ことばのけいこ、
せっすう　せっすう
　しゃ　しゅ　しょ。

にぇおう　にぇおう
　にゃ　にゅ　にょ、
子ねこは　子ねこと
　ことばの　けいこ、
にぇおう　にぇおう
　にゃ　にゅ　にょ。

ぺっぷう　ぺっぷう
　ぴゃ　ぴゅ　ぴょ、
ポプラの　はっぱが
　ことばの　けいこ、
ぺっぷう　ぺっぷう
　ぴゃ　ぴゅ　ぴょ。

びゅうびん　びゅうびん
　びゃ　びゅ　びょ、
バイオリンと　バイオリンは
　バイオリンの　ことば、
びゅうびん　びゅうびん
　びゃ　びゅ　びょ。

めえもう　まあもう
　みゃ　みゅ　みょ、
まさおと　みよこが
　ことばのけいこ、
めえもう　まあもう
　みゃ　みゅ　みょ。

うんとこしょ

谷川俊太郎

うんとこしょ　どっこいしょ
ぞうが　ありんこ

もちあげる
うんとこしょ　どっこいしょ
みずが　あめんぼ
もちあげる
うんとこしょ　どっこいしょ
くうきが　ふうせん
もちあげる
うんとこしょ　どっこいしょ
うたが　こころを
もちあげる

ヨーチエンおんど

井上ひさし

ヨーチエンヤトット　ヨーチエンヤコーラ
ヨーチエンヤトット　ヨーチエンヤコーラ
ハイハイハイ

となりのススムくん
なんではらこわした
カレーにケーキにアイスクリームたべすぎて
それではらこわした
ハア
クイスギだ　クイスギだ
ヨーチエンヤトット　ヨーチエンヤコーラ
ヨーチエンヤトット　ヨーチエンヤコーラ
ハイハイハイ

むかいのユミちゃん
なんできょうはやすんだ
テレビみすぎてけさはあさねぼう
それできょうはやすんだ
ハア
ネボスケだ　ネボスケだ
ヨーチエンヤトット　ヨーチエンヤコーラ
ヨーチエンヤトット　ヨーチエンヤコーラ
ハイハイハイ

うちのかあさん
なんでニコニコしている
パパはよいパパボクまたヨイコ
それでニコニコしている
ハア
シアワセだ　シアワセだ

ヨーチエンヤトット　ヨーチエンヤコーラ
ヨーチエンヤトット　ヨーチエンヤコーラ
ハイハイハイ

ようちえんのせんせい
なんでかおしかめる
ぼくらいたずらおんなのこはメソこ
それでかおしかめてる
ハア
ゴクローさん　ゴクローさん
ゴクローさん　ゴクローさん

かいぐりマンたいそう

鈴木みゆき

タオルのマント　なびかせて
かいぐりマンは　やってくる
ここかとおもえば　もうあちら
いどころふめい　いたずらとくい
かいぐりかいぐりかいぐりかいぐり　ビーム
ピピッピッ　ピピピ　うけてみろ
かいぐりかいぐりかいぐりかいぐり　キック
ピピッピッ　ピピピ　それいくぞ

＊かいぐりぐるぐる　ぐるりんぱ　パッ!!
かいぐりぐるぐる　ぐるりんぱ　パッ!!
どんなもんだい　ガッツポーズ　イエイ！

タオルのマント　なびかせて
かいぐりマンは　やってくる
ここかとおもえば　またあちら
しんしゅつきぼつ　わんぱくとくい

かいぐりかいぐりかいぐりかいぐり　アタック
ダダッダッ　ダダダ　それいくぞ
かいぐりかいぐりかいぐりかいぐり　チョップ
ダダッダッ　ダダダ　それいくぞ

（＊　くりかえし）

かぼちゃのつるが

原田直友

かぼちゃのつるが
はいあがり
はいあがり
葉をひろげ
葉をひろげ
はいあがり
葉をひろげ
細い先は
たけをしっかりにぎって
屋根の上に
はいあがり
短くなったたけのうえに
はいあがり
小さなその先端は
いっせいに
赤子のような手をひらいて
ああ　いま
空をつかもうとしている

ライバル！

戸田昭吾

ほえる　はねる　そらをとぶ
　トライアタック　メガトンパンチ！
うたう　ねむる　サイコキネシス
　ロケットずつき　10万ボルト！
勝っても負けても　おまつりさわぎ
　バトルしようぜ　ポケモンバトル！

負けた　くやしさは／ふるえるほどだけど
にぎりこぶしを　ほどいて
ズボンで汗ふき　あくしゅしよう！

時の流れは　ふしぎだね
〃どっちが勝ったか　ねえ　おぼえてる?〃
いまでは　ホラ
笑いながら　話ができるよ
〃わすれたね!〃って　とぼけてる
そんな　オレのライバルたち

すてみタックル　からてチョップ
オーロラビーム　ハイドロポンプ!
にらみつける　ゆびをふる
はっぱカッター　でんこうせっか!
勝っても負けても　おまつりさわぎだ
バトルしようぜ　ポケモンバトル!

勝った　うれしさしは
泣きたいほどだけど
勝ち負けよりも　だいじな
何かがきっと　あるはずさ!

ライバルどうし　おかしいね
〃まだまだ育てが　足りないぜ!〃
それでも　ホラ
選んだ道が　同じ道だから
〃まけないぞ〃って　いいながら
おなじ夢を　語り合う

夢の　つぼみは/つぼみのままだけど
すこしづつ　ふくらんで　きてる…
そんな　気がするよ

〔日本音楽著作権協会(出)許諾第〇〇〇〇三六七—〇〇一〕

ゆきがふる

まど・みちお

ふるふる　ふるふる　ゆきが　ふる
ゆきを　みあげて　たつ　ぼくに
ふるふる　ふるふる　ゆきが　ふる
とつぜん　ぼくは　のぼってく
せかいじゅうから　ただ　ひとり
そらへ　そらへと　のぼってく
ふと　きがつくと　ゆきが　ふる
ゆきを　みあげて　たつ　ぼくに
ふるふる　ふるふる　ゆきが　ふる

どいてんか

島田陽子

どいてんか
どいてんか
おんなのみこしや
どいてんか
みんなではやせば
つゆぞら　はえる
わっしょい　わっしょい
どいてんか

どいてんか
どいてんか
おんなのみこしや
どいてんか
みんなではしれば
うなるよ　かぜが
びゅううん　びゅううん
どいてんか

なまけ忍者—それは　もうひとりのぼく

しょうじたけし

ぼくの　おへやの　すみっこに
なまけ忍者が　かくれてる

ぼくが　べんきょう　していると
なまけ忍者の　ひくい　声
——ちょっと　テレビを　つけてくれ
つづきまんがを　見たいのじゃ

なまけ忍者に　さそわれて
ぼくも　テレビを　見てしまう

ぼくが　おそうじ　はじめると
なまけ忍者の　ひくい　声
——どうせ　また　すぐ　よごれるさ
むだな　しごとは　やめなされ

なまけ忍者が　いるかぎり

なにを　やっても　ぼくは　だめ
なまけ忍者よ　おねがいだ
はやく　どこかへ　消えてくれ！

早口ことばのうた

藤田圭雄

早口ことばを知ってるかい
おやゆびしっかりにぎりしめ
くちびるじゅうぶんしめらせて
あたまをひやしてしゃべるんだ
　生麦　生米　生卵

むずかしそうだがなんでもない
おへそにちからをいれるのさ
あおぞらみつめてしゃべるんだ
　交響曲　歌曲　協奏曲

だれなのみてたのきいてたの
れんしゅうちゅうだよだめですよ
ひとりじゃてれるよまごつくよ
ふたりでなかよくしゃべろうよ
　消防車　清掃車　散水車

ヤダくん

小野ルミ

ヤダくん　やだやだ　いやだ　やだ
べんきょう　おつかい　はやおきも
やだやだ　やだやだ　まっぴらだ
やだやだ　ヤダくん　あまのじゃく

ヤダくん　やだやだ　いやだ　やだ
あさから　ばんまで　ねごとにも
なんでも　やだやだ　ああいやだ
まいにち　やだやだ　いいどおし

ヤダくん　あるとき　きがついた
やだやだ　やだやだ　いいすぎて
いやだと　いわない　ものがない
さいごの　ひとつを　のこしては

ヤダくん　やだやだ　いやだ　やだ
うでぐみ　あぐらで　だいけっしん
さいごの　いやだを　いってみた
やだやだ　いうのは　もういやだ！

ネズミの嫁入り

増田良子

ねずみの娘さん　だれに嫁入りしょうかな
一番えらい婿さまに　一番えらい婿さまに
すべてを照らすお日さまじゃ
　お日さまこそえらいんじゃ
お日さまえらいんなら　なんで雲にかくされる
　雲こそえらいんや
雲こそえらいなら　なんで風に飛ばされる
　風こそえらいんや
風こそえらいなら　なんで壁にじゃまされる
　壁こそえらいんや
壁こそえらいなら　なんてねずみにかじられる
　ねずみこそえらいんや
ねずみの娘さん　それでねずみにお嫁入り
となりのねずみにお嫁入り

はこあけのうた

谷川俊太郎

どろのはこ　あけろ
いしのはこが　はいってる
いしのはこ　あけろ
わらのはこが　はいってる

わらのはこ　あけろ
ぬののはこが　はいってる
ぬののはこ　あけろ
かわのはこが　はいってる

かわのはこ　あけろ
ほねのはこが　はいってる
ほねのはこ　あけろ
ゆめのはこが　はいってる

ゆめのはこ　あけたら
からのはこが　はいってた
からのはこの　なかは
かぜのおと　ばかり

あめ

山田今次

あめ　あめ　あめ　あめ
あめ　あめ　あめ　あめ
あめはぼくらを　ざんざか　たたく
ざんざか　ざんざか
ざんざん　ざかざか
あめはざんざん　ざかざか　ざかざか
ほったてごやを　ねらって　たたく
ぼくらの　くらしを　びしびし　たたく
さびが　ざりざり　はげてる　やねを
やすむ　ことなく　しきりに　たたく
ふる　ふる　ふる　ふる
ふる　ふる　ふる　ふる
あめは　ざんざん　ざかざん　ざかざん
ざかざん　ざかざん
ざんざん　ざかざか
つぎから　つぎへと　ざかざか　ざかざか
みみにも　むねにも　しみこむ　ほどに
ぼくらの　くらしを　かこんで　たたく

すっとびとびすけ

谷川俊太郎

すっとびとびすけ　すっとんだ
ふんどしわすれて　すっとんとん
あさめしくわずに　すっとんとん

すっとびとびすけ　すっとんだ
とぐちでころんで　すっとんとん
じぞうにぶつかり　すっとんとん

すっとびとびすけ　すっとんだ
ふじさんとびこえ　すっとんとん
びわこをまたいで　すっとんとん

すっとびとびすけ　まにあった
やっとこすっとこ　まにあった
じぶんのそうしき　まにあった

山かつぎ

北原白秋

あったとさ　あったとさ
むかしむかしであったとさ
だれでも子どもであったとさ
お山も子どもであったとさ

あったとさ　あったとさ
子どもの百姓があったとさ
子どものお山をふごに入れ
やっこらかついで、うんとこしょ

うんとこしょ、どっこいしょ
一番、かついで、そりゃ重い
もうひとつ歩いて、こりゃ重い
おなわが切れ切れ日は永い

ぺったらこ、ぺったらこ
ぺったら尻もちついたとさ
みんなが手をうちおかしがる
あははのあははであったとさ

あったとさ　あったとさ
むかしむかしであったとさ
みんなが子どもであったとさ
笑ってばかりおったとさ

和尚さんと小僧さん

北原白秋

ここは山寺、和尚さま。
餅は食べたし、欲ァふかい、
焼いて煮ましょか、こっそりと。
そこで小僧たち考えた。

「えへん、よござろ、和尚さま、
名前かえましょ、わたしたち」

「ふふん、よしよし、何だ、名は。」

「ぶうぶう」「くたくた」「うまいうまい」

夜はふけます、和尚さま、
餅は食べたし、欲ァふかい。
焼いて煮ましょか、こっそりと、
よいな、ひとりでこっそりと。

餅を焼きます、ほう、あつい。

息をぶうぶう吹きかける。

「はあい、和尚さま、何御用」

それと小僧さんかけつける。

鍋に入れます、焼いた餅、
餅はくたくたたぎりだす。
「どうれ、和尚さま、何御用」
中の小僧さんお手をつく。

餅は煮えたて、湯気はたつ。

うまいうまいと声立てる。

「へえい、和尚さま、何御用。」

あとの小僧さん、目でじろり。

しかたなくなく、和尚さま、
焼いたはしから、そらお食べ、
煮たったはしから、そらお食べ、
みんな食べられ、こまり餅。

むかしむかしのおかしなはなし　郡山半次郎

むかしむかしどんどんむかし
おかしなお山がありました
おやまあお山のてっぺんに
かきの木、くりの木、しいの木、ひのき
おどろき　ももの木　山しょの木
一番高いすぎの木に
一羽のカラスがすんでいた
カラスはなんとなく　カーとなく
むかしも　カーカー　今も　カー
カラス　カーカー　声からす
たいくつカラスはたいくつで
大きな声をはりあげた

『だれカー　海に行かないカー』
　一声ないては　山をこえ
　二声ないては　谷をこえ
　なんでもかんでも　とびこえて
とうとう春の野はらについた
なの花、タンポポ、すみれ草
そうそう　それから　れんげ草
花さく草にねそべって
のんびりしている　ウシがいる
ウシはなんとなく　モーとなく
モーおひるかと　モーとなき
モーモーモーで　モーねむくなる
『だれカー　海に行かないカー』
ウシはあわてて　たちあがり
『わたしモー　いっしょに
いきますとモー』
すると　その時　みょうな声………
カラスとウシが　ふりむけば
いつのまにやら　ヤギがいる
　ヤギはなんとなく　メーとなく
じいさんヤギも　メーだった
ヤギは　めいめい　メーとなく

『ダメーダメー　おいてっちゃダメー』
カラスにつづいて　ウシが行く
ウシにつづいて　ヤギが行く
『つかれたカーカー　やすもうカー』
『モーモーすぐだ　モーすぐだー』
『ダメーダメー　おいてっちゃダメー』
やっとこ　すっとこ　とっとこと
うんとこ　どんどん　ほいこらしょ
どんどん行くと　どうでしょう
目の前で――
野はらがとつぜんなくなって
まぶしい光が　ふりそそぐ
おい　みろ　おや　まあ　あら
　こらら………
　これが……あれだ
あれが……それだ
どれが……なんだ
海がこれだ　あれがなみだ
　どれがくもだ
カラス、ウシ、ヤギ、海をみて
なみみて　すなみて、なめてみて
そうだ　たしかに　夏の海！

カラスは　カー
ウシは　モー
ヤギは　メー
カー　モー　メー
空の下は　ぜんぶ海
海の上は　ほら　ぜんぶ空
空と海との　あいだから
まっ白な鳥が　とんでくる
まっ白な鳥が　とんでくる
まっ白な鳥が　とんでくる
　カラスとウシとヤギはよぶ
カー　モー　メー
カー　モー　メー
そして　こうして　その日から
白いつばさの　海鳥を
カモメとよぶことに　なったとさ
むかしむかしの　おかしなはなし
『お』の『わ』の『り』

パナンペのはなし

谷川　俊太郎

むかしのことだよとってもむかし
アイヌの村にいたってさシャモ(日本人のことだ)の殿様
せたけはわずか六十五センチ
それでも声は大砲のよう
なんたるこったすったたった

弱い小鳥はやきとりにしろ
強い熊には酒をのませろ
ふんぞりかえってそっくりかえって
毎日御殿でひなたぼっこさ
なんたるこったすったたった

むかしのことだよとってもむかし
アイヌの村にいたってさひとりの男
その名はパナンペいつもにこにこ
ふとん一枚もってはいない
なんたるこったすったたった

あっちでにこにこおひさまのぼる
そっちでにこにこおひさまかんかん
こっちでにこにこおひさましずむ
朝から晩までなんにもしない
なんたるこったすったたった

ある日ある時パナンペが
森でうっとりしていると
不思議な鳴き声きこえてきたよ
カニツンツン　ピイツンツン
カニチャララ　ピイチャララ

それはちっちゃなかわいい小鳥
パナンペにこにこ小鳥をおがむと
小鳥はついっと口にとびこみ
そのままお腹に入ってしまってた
なんたるこったすったたった

パナンペびっくり思わずいきむと
ブーでもなくプーでもなくて
もれたおならの音はといえば

カニツンツン　ピイツンツン
カニチャララ　ピイチャララ

うわさはひろがる風より早く
殿様たいくつパナンペ呼びつけ
さあさあ自慢のおならを聞かせろ
おならが出なけりゃ豆食えいも食え
それでも出なけりゃ腹たちわるぞ

パナンペすっかりふるえあがって
三日と三晩食べるわ食べるわ
いものしっぽも残っちゃいない
覚悟をきめて四日目の朝
殿様の前でうううんといきめば

御殿はこがね色の大洪水
さかまく渦巻くあふれる怒とう
息もできないそのにおい
殿様とうとう溺れ死に

昔のことだよとっても昔
アイヌの村にいたってさ一人の男

その名はパナンペいつもにこにこ
おならをさせたら村いちばん
カニチャララ　ピイチャララ
カニツンツン　ピイツンツン
おかげできれいな嫁さんもらった

なんたるこったすっとんとん

正午　丸ビル風景

中原中也

ああ十二時のサイレンだ、サイレンだサイレンだ
ぞろぞろぞろぞろ出てくるわ、出てくるわ出てくるわ
月給取りの午休み、ぶらりぶらりと手を振って
あとからあとから出てくるわ、出てくるわ出てくるわ
大きなビルの真ッ黒い、小ッちやな小ッちやな出入口
空はひろびろ薄曇り、薄曇り、埃りも少々立っている
ひょんな眼付で見上げても、眼を落としても……
なんのおのれが桜かな、桜かな桜かな
ああ十二時のサイレンだ、サイレンだサイレンだ
ぞろぞろぞろぞろ出てくるわ、出てくるわ出てくるわ
大きいビルの真ッ黒い、小ッちやな小ッちやな出入口
空吹く風にサイレンは、響き響きて消えゆくかな

声を合わせて願いごとをかなえよう
――あとがきにかえて

群読は声の文化だが、この、声に出して表現するという文化の源流をたどっていくと、どうも唱えることから始まったようである。唱えるとは声に出して祈ることである。ちなみに、声に出さずに唱えることを拝むという。

ただし、どう声に出して唱えるかは、言霊《ことだま》信仰によるセオリーがあった。言霊信仰とは言葉の威力についての認識である。

そのセオリーに、たとえば、相手の名前を唱えてはいけないとある。相手の名前を唱えると、相手の生命に危害をもたらすからというのである。名前を唱えるごとに、その生命のエネルギーを吸い取ることになるからだ。あるいは、過激に唱えてはならない。呪うことになるからとある。

そのなかに、声を合わせて唱えれば、願いごとがかなうというセオリーがある。みんなで唱えると、その唱えたことが実現するという信仰である。

仏教の声明《しょうみょう》は、この言霊信仰にもとずく祈りの文化である。声明とは、坊さんたちが大勢集まって声を合わせてお経を読むことだが、これは、この言霊信仰から生み出された表現形式である。

このセオリーは今日にも引き継がれている。デモのシュプレヒコールや球場での観客の応援などに、その伝統をみることができる。

また、唱えると、よくわかるというセオリーもある。「読書百遍、義自ずからあらわる」という言葉がある。意味のよくわからない書物も、百回もくりかえして読むと、わかるようになるという意味である。この読書とは素読のことで、声に出して読むことをいう。声に出して読むと、わかるようになるというのである。

そのことについて、司馬遼太郎氏がこう述べている。

「はじめは『歎異抄』を眼で読んでいたんです。そうしましたら、さっぱりわかりませんね。あるとき音読しましたら、よくわかった。なるほど、昔の人は音読したんだ、ということに気がついて、その後ずっと音読でやりました。行間にある著者の考えがそれだとよく伝わってきます。行間にある〈ひびき〉がかなり大事なことでして、目だと、論理的・知的に理解しようという心がはたらきますから『歎異抄』から伝わってくるものがない。ところが音読だとちゃんと伝わってきます……平家物語や太平記や古事記など音読すべきですね」(『手掘り日本史』=文芸春秋社)

今なお、唱えるとわかるという言霊信仰のセオリーは有効なのである。

群読は、こうした文化を源流として、この伝統に支えられ、創造された表現活動である。むろん、群読は、なにごとかを唱えて祈るものではないが、子どもたちが声を合わせて表現することで、教材理解を深め、その主題を音声化し、かつ、群読の成功=活動目標の達成という子どもたちの願いごとをかなえることに役立つ。実際、息の合った群読表現ができたときの子どもたちの喜びは、願いごとのかなった満足感に満ちている。

本書をもとに、さらに、楽しい群読活動にとりくまれることを望むものである。

そうすれば、子どもたちは声を合わせる力を育て、やがて、その声は地を揺るがし、山を動かし、その願いごとを手中におさめる日を迎えることになろう。

最後になったが、快く詩の脚色を承諾いただいた詩人の諸先生、また、資料紹介の労をとっていただいた大阪府堺市の松川利幸先生、鹿踊りの口唱歌《くちしょうが》について教えてくださった岩手県北上市の岩間政信先生、資料についてご教示いただいた水内喜久雄先生、児童用の唱歌の資料を送っていただいた東京・大田の渡辺好子先生に厚くお礼を申し上げるしだいである。

一九九六年　一〇月

家本　芳郎

「新版」に寄せて

『群読をつくる』『楽しい群読脚本集』を出版すると同時に、ささやかながら「日本群読教育の会」を発足させ、群読教育の普及を兼ねて実技講座の開催にとりくんできた。というのは、群読は、実際に経験してみて、はじめて「こういうものだったのか」と理解できるからである。

そういうことで、各地で教師・父母対象（若干の児童・生徒の参加も可としている）の実技講座を開いてきた。この活動は、わたし自身にとっても大きな収穫となった。

講座のプログラムに、いくつかの教材の中から表現してみたい教材を選び、同一教材を選んだものでグループをつくって発表する場面がある。そのさい、教材に人気のある、なしがある。選択は教師の好みだが、そこに子どもの興味の反映をみることができる。また、こちらで用意した脚本を使うのだが、さらに、工夫を加えて表現するグループがあり、「こういう表現もあったのか」と、その創意から学んだということもある。

本書は、そうした実践活動をふまえて、前著に、さらに手を加え、いっそうの充実をはかった。その意味で、本書は、群読の実技講座に参加した多くの教師・父母と子どもたちとともにつくったテキストといえる。

二〇〇〇年　二月

家本　芳郎

家本芳郎（いえもと・よしろう）
1930年、東京生まれ。神奈川県の小・中学校で約30年間、教師生活を送る。その間学校づくり、生徒会、行事・文化活動の指導、授業研究に励む。退職後、著述・講演活動に入る。長年、全国生活指導研究協議会、日本生活指導研究所の活動に参加する一方、みずから全国教育文化研究所、日本群読教育の会を主宰。とくに群読教育の普及に力を注いだ。
2006年2月没。
著書：『CDブック・家本芳郎と楽しむ群読』（高文研）ほか多数。

新版 楽しい群読脚本集

●一九九六年一二月一五日・初版第一刷発行
●二〇〇〇年 三月一〇日・新版第一刷発行
●二〇一五年一〇月 一 日・新版第八刷発行

編・脚色／家本 芳郎

発行所／株式会社 高文研
東京都千代田区猿楽町二－一－八
三恵ビル（〒一〇一－〇〇六四）
電話＝03＝3295＝3415
振替＝00160＝6＝18956

印刷・製本／凸版印刷株式会社

★万一、乱丁・落丁があったときは、送料当方負担でお取りかえいたします。

高文研ホームページ http://www.koubunken.co.jp
ISBN978-4-87498-232-7 C0037